东营职业学院2024年度校级重点科研项目《智慧城市视角下东营市智慧物流发展路径研究》课题编号：2024DYXYRW08

智慧城市视角下智慧物流发展路径研究

张燃燃　著

中国商业出版社

图书在版编目（CIP）数据

智慧城市视角下智慧物流发展路径研究 / 张燃燃著. 北京 : 中国商业出版社, 2024. 12. -- ISBN 978-7-5208-3260-1

Ⅰ. F252.1-39

中国国家版本馆CIP数据核字第2024MM0381号

责任编辑：陈　皓

策划编辑：常　松

中国商业出版社出版发行

（www.zgsycb.com 100053 北京广安门内报国寺1号）

总编室：010-63180647　编辑室：010-83114579

发行部：010-83120835/8286

新华书店经销

定州启航印刷有限公司印刷

*

710 毫米 ×1000 毫米　16 开　13.25 印张　220 千字

2024 年 12 月第 1 版　2025 年 6 月第 1 次印刷

定价：88.00 元

* * * *

（如有印装质量问题可更换）

前　言

随着智慧城市的快速发展，智慧物流系统的需求也日益强劲。现代物流行业越来越重视智慧物流应用，当今社会，人们对高效、环保的物流服务的需求水平逐渐提高，智慧物流产业的发展也有利于提高城市运行效率，从而提高居民生活质量。

智慧物流是指以信息化、自动化技术为核心，用集成化的方式对物流活动进行提取与重构的过程，是现代物流的简称，用于提高物流效率和降低运营成本。当前，中国的智慧物流产业日渐发展，因此，笔者撰写了本书，以期在本专业领域的发展与建设中有所贡献。

本书共分为六章，第一章重点介绍了智慧物流的相关概念、基本特征及类型，从技术和系统架构的角度进行阐述，为后文发展奠定基调。第二章讲的是智慧物流与智慧城市建设的关系，详细探讨了智慧城市对智慧物流的影响。第三章探讨了智慧城市视角下物流智慧化转变。第四章描述了基于智慧城市的智慧物流系统。第五章分析了智慧物流评价体系构建。第六章则关注了智慧供应链的概述、构建与管理。本书的每一章都围绕智慧物流与智慧城市的紧密联系进行深入分析，展示了智慧物流在现代城市中的应用与发展前景。

本书在内容上紧跟时代，密切关注智慧物流和智慧城市领域的前沿动态，将最新的理论研究成果与实际案例相结合，使读者能够清晰地了解智慧物流在智慧城市中开发的前沿动态。本书在结构上进行了精心的设计，既有理论的阐述，又有案例的分析，使读者在阅读过程中能够循序渐进，系统地掌握智慧物流的知识。本书从多个角度对智慧物流进行了探讨，包括智慧仓储、智慧运输和智慧配送等，使读者能够全面了解智慧物流的各个方面。总的来说，本书是一部兼具理论深度和实践价值的著作，对于从事智慧物流、城市规划、交通管理和信息技术的相关人员来说，具有很高的参考价值。

由于时间与笔者水平有限，书中难免存在不足，恳请广大读者批评指正，以便笔者在未来的研究中不断完善和提高。

目 录

第一章　智慧物流概述

第一节　智慧物流基本概念

一、智慧物流概念的演进之路

物流学在长期的历史发展进程中不断丰富和深化，最终成为具有明确意义的完整概念。何谓物流？顾名思义，“物流”是“物”+“流”，“物”广泛指代所有可进行位置转移的实体，如货物和产品等，而“流”象征动态的过程，类似电流或水流的流动特性。在《物流术语》（GB/T 18354—2021）中，物流被定义为物品在供应点和接收点之间的移动过程，涵盖了运输、仓储、装卸搬运、包装、流通加工、配送、信息处理等一系列活动。从传统意义上讲，物流聚焦于商品从生产者到消费者的转移，旨在缩小生产地与消费地之间的距离和时间差异，而运输、仓储、装卸搬运、包装、流通加工、配送、信息处理等一系列过程是现代社会中物流发生的不可或缺的环节，架起了生产与消费的桥梁。

“物流”概念最早是在美国形成的，该国也是物流应用的先行者。1927 年，学者布索迪（R.borsodi）在《流通时代》中首次用了“Logistics”一词，用于指代物流，这一定义为后来的物流概念的发展奠定了坚实的基础。1962 年，管理学家彼得·德鲁克（P.F.Drucker）在《财富》杂志上发表了《经济的黑暗大陆》，指出流通是经济领域中的一片未被充分理解的领域，并强调应重视流通和物流管理。此处指出物流是一个充满潜力却未被充分开发的学科，充分证明物流作为经济活动中关键却不为人熟知的部分的地位，标志着这一领域的潜在重要性及其物流在当时的相对匮乏。之后，物流作为一个学科开始得到更广泛的关注。美国物流管理协会（现称为“美国供应链管理专业协会”）作为世界第一个物流专业组织，明确提出物流的定义，即以最高效率和最大成本效益将商品从生产地运输到消费者手中。这种定义将物流的对象从实物扩展到了相关的信息流，还从单纯的搬运、装卸、运输等的操作扩展到了对整个物流系统的设计、实施和控制，反映了物流的广度和深度，突出了物流在现代供应链管理中的战略性角色。

随着时代的飞速发展，我国国民经济水平稳步提高，互联网、物联网和5G通信等技术不断普及使电子商务得到了较大发展，这一系列发展促使现代物流逐渐步入智慧物流时代。所谓的智慧物流是指应用新技术、新模式、新管理实现物流全过程的新型物流模式，这一模式的诞生和发展受到国家、企业和消费者的重视，是顺应历史发展潮流、代表现代信息技术达到一定成熟度的必然结果。智慧物流的演进可分为五个阶段：粗放型物流、系统化物流、电子化物流、智能物流和智慧物流，每个阶段都在前一个阶段的基础上有进一步的发展和深化，如图1–1所示。

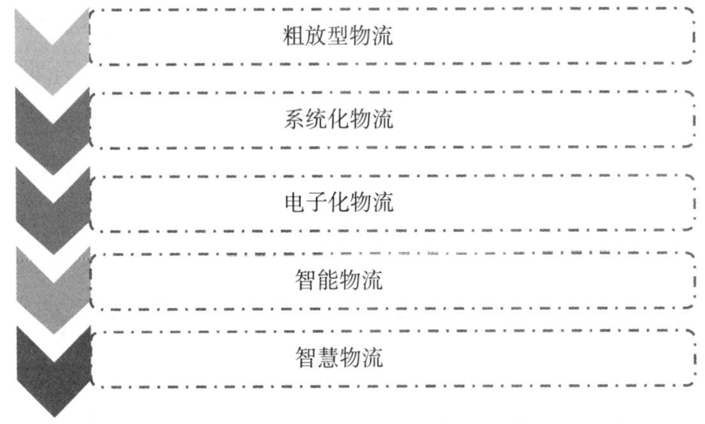

图1–1　智慧物流的演进

（一）粗放型物流

20世纪50年代至70年代是粗放型物流的黄金时期，在这一时期，西方国家刚刚经历了第二次世界大战，经济开始复苏，并逐步迈入了一个经济发展的黄金时代。在这种背景下，以制造业为中心的经济模式推动了西方国家经济的高速增长，为这些国家带来了前所未有的财富积累，人民收入明显增加，消费能力和水平也出现了大规模的提高。这一时期经济活动的主要特征是大量的生产和消费，以至于大型产品制造商和消费品公司如雨后春笋般涌现，大量的商品进入市场，民众的购物需求开始增加，推动了大型百货商店和超级市场的兴起。家乐福在 1959 年成立，沃尔玛则于 1962 年成立，它们成立后迅速成为零售市场的巨头，引领了零售业的发展。

在大规模生产和消费的初始阶段，企业主要关注生产的扩张，市场需求的旺盛使他们认为只要生产出足够的商品就能实现利润最大化，这种观点导致出现生产过程中库存积压和供过于求的问题。到了 20 世纪 60 年代，美国的销售企业普遍备货期长达 30 天，显示出市场与生产之间的错配。而且，由于对物流概念认识的不足，物流活动在企业内部常常处于较为分散的状态，销售部门只负责销售的数量和库存，而运输部门则仅负责商品的运输，这种分散式的管理导致物流成本高昂，企业运作效率低下。在这一时期，专门负责物流运输的企业非常少见，大多数企业都是自成一体的系统，缺乏行业间的协作和整体的物流意识。

（二）系统化物流

20 世纪 70 年代末至 80 年代初，随着全球经济日益国际化，企业开始感受到物流模式系统化对于企业效益的重要作用，所以这一时期人们对物流的理解已经超越了简单的运输、保管和库存管理等基础功能，物流被视为从原料采购到成品销售整个供应链的统一管理，物流行业也从分散和粗放的管理方式，转向更为集成和系统化的管理模式。这种转变得益于企业对物流行业重要性的重新认识，也与新技术和新管理模式的引入密切相关。在这一转型过程中，物流开始被当作一门综合性学科进行研究，涉及系统工程学、运筹学、会计学等多个领域，这种跨学科的集成促进了物流管理理论的发展，各领域的专家利用各自的专业知识，为物流的高效运作提供理论支持和实践方案。企业也开始更加关注物流在经营决策和发展战略中的成本和效益，这标志着物流管理从单一的操作层面上升到战略层面。与此同时，为了降低运营成本，企业开始重视库存的削减，从而减少资本占用和可能的损耗，物流总成本的概念因此得到广泛的应用。

系统化物流的兴起伴随着新型物流技术的应用，如实时生产系统（Just In Time, JIT）等，这些技术的实施显著提高了物流活动的时效性和准确性。20 世纪 70 年代初期的航空快递服务的出现，为物流服务模式带来了新的变革。这些服务可以提供更快的货物运输，满足了市场对速度的迫切需求，成为推动物流行业持续发展和变革的重要力量。

（三）电子化物流

随着信息技术的发展以及大规模应用，特别是计算机和网络技术的运用，物流活动的计划、执行和控制更加精确和快速，物流系统的整体性能得到显著提高，系统化物流开始向电子化物流转变。这一时期最明显的特点是，客户急剧增长的需求使传统物流模式难以满足市场的变化，迫切需要更高效、更灵活的物流解决方案。在这种背景下，信息技术成为推动物流行业发展的关键动力，尤其是条形码（Barcode）和电子数据交换（Electronic Data Interchange, EDI）这两项技术的应用，促进了物流业的信息化和自动化进程。美国联合包裹运送服务公司（United Parcel Service, UPS）是利用条形码技术优化物流操作的典型例子，在美国肯塔基州路易维尔的“世界港”航空物流中转中心，UPS 通过条形码这一电子标签技术，提高了包裹处理的速度和准确性，进而提高 UPS 的运营效率，为整个物流行业树立了高效物流操作的新标杆。产生于 20 世纪 60 年代末美国的 EDI 提供了一套统一的数据交换标准，使企业之间的信息流动更加顺畅，大幅度减少了纸质文件的使用。到了 1997 年，随着 EDI 标准的统一和互联网技术的进一步发展，EDI 开始广泛应用于物流业务的各个环节，包括在线订货、库存管理、发货管理、报关和支付等，这种无纸化的交易方式有助于加快业务的处理速度，降低操作成本，并提高数据处理的准确性。这两种技术的应用标志着物流行业从传统的物理流动转向了高度信息化和自动化的现代物流。

电子化物流的实施使整个供应链更加透明，企业能够实时监控货物流动的每一个环节，大大提高了响应速度和客户满意度。而且，随着全球化贸易的增加，电子化物流还帮助企业更好地适应跨国运营的复杂性，支持企业在全球市场中的竞争。这一阶段的发展为物流行业带来了前所未有的机遇，也为未来物流的智能化和全球化奠定了坚实的基础。

（四）智能物流

进入 21 世纪，随着技术的飞速发展和社会的智能化进程，特别是智能标签、无线射频识别技术（Radio Frequency Identification, RFID）、EDI 技术、全球定位系统、地理信息系统、智能交通系统等先进技术应用的日益成熟，物流行业也迎来了一场革命性的变革。这些技术的整合应用，促进了智能仓储物流管理、智能冷链物流管理、智能集装箱运输管理、智能危险品物流管理、智能电子商务物流等智能物流应用的兴起，为物流行业带来了前所未有的发展机遇，使智能物流成为行业发展的新趋势。

基于以上背景可知，智能物流具备精准化、智能化和协同化三大核心要素。精准化物流主张利用精确的数据分析和资源配置，实现成本最小化和零浪费，可以显著提高资源的使用效率，减少环境影响，符合可持续发展的需求。智能化物流则侧重于利用物联网技术采集实时信息，并利用先进的数据分析技术处理这些信息，从而为用户提供精确且实时的服务和咨询，这一点在电子商务物流管理中表现的尤为突出，能够实时跟踪货物状态，预测运输时间，优化配送路线，从而显著提高用户体验和运营效率。协同化则是智能物流的一个重要方向，它强调基于物联网平台实现物流企业上下游之间的无缝连接和信息共享。这种协同除包括供应链内部的协作之外，也扩展到与外部环境的互动，如与金融机构等的数据交换和服务整合，从而实现整个生态系统的优化运作。智能物流的发展提高了物流行业的效率和响应速度，推动物流从传统的后端支持角色转变为驱动商业创新和客户服务的前端角色，实现了更为动态和灵活的物流解决方案，适应了全球化和网络化时代对速度和精确度的严格要求，为物流行业的发展奠定了坚实的技术和战略基础。

（五）智慧物流

2008 年 11 月，国际商业机器公司（Internation Business Machines Corporation, IBMC）首席执行官首次提出了“智慧地球”的构想，这一思想很快得到世人的认可和支持，许多国家将其纳入国家战略之中。“智慧物流”概念就是基于“智慧地球”的宏观理念提出的，标志着物流行业的技术革新和管理革命。智慧物流不仅是技术的应用，更是一种全新的管理理念，它通过整合智能化技术，使物流系统具备了类似人类的思维、感知、学习、推理判断等能力，能够自行解决物流中出现的各种问题。智慧物流覆盖了智能运输、智能仓储、智能配送、智能包装、智能装卸以及智能信息的获取、加工和处理等多方面内容，其目标是为供应方提供最大化的利润，为需求方提供最佳的服务，并尽量减少自然资源和社会资源的消耗，保护生态环境。

智慧物流的实施，是现代物流从电子化阶段向更高层次的演进，尤其是云计算、大数据、物联网、人工智能等技术的发展和应用的成熟，使智慧物流不断突破传统界限，进一步提高了整个供应链的透明度和效率，增强了物流系统的响应速度和灵活性，也使物流更加环保和可持续。展望未来，随着技术的不断进步，智慧物流将进一步发展，推动物流行业向智慧社会的方向迈进。

二、智慧物流的概念与特征

（一）智慧物流的概念

1. 物流的“智慧”

智慧物流的核心是将“智慧”这一概念应用于物流领域，利用高级的技术集成和创新管理方法，赋予物流系统类似人类的智慧能力。智慧，在狭义的定义中是指生命体基于生理和心理器官的高级创造性思维能力，涵盖了感知、记忆、理解、分析、判断和升华等多种复杂能力，这种能力并不是仅源于智力本身，还涉及知识系统、方法与技能系统、非智力系统、观念与思想系统以及审美与评价系统等多个层面。随着科技的进步，特别是信息技术的革命，传统的物理世界被赋予新的“生命”。这种现象最初体现在物联网的概念中，即将传感器和其他智能设备嵌入各种物体中，使它们能够相互连接和交流，从而形成一个相互协作的网络系统。随后，物联网与互联网的结合进一步推动了智慧物流的发展，通过高级的数据处理和网络技术，实现了信息的全面整合与智能处理。这一系列的技术革新在智慧物流中表现为一系列智能系统的构建，包括智慧执行系统、智慧传导系统和智慧思维系统。智慧执行系统基于自动化技术实现物流操作的自动化和优化，如智能仓储和自动配送系统；智慧传导系统则依赖先进的通信技术，确保物流信息能够准确、快速地传递和处理；智慧思维系统则利用人工智能、大数据分析等技术模拟人类的决策过程，提高物流系统的决策质量和效率。智慧执行系统、智慧传导系统和智慧思维系统共同构成了智慧物流的基础架构，综合这三个系统可以使智慧物流在各个层面实现物流活动的智能化，推动物流行业向更高效、更环保、更智能的方向迈进。这种从传统物理操作到智能化、信息化的转变，提高了物流效率和准确性，降低了运营成本和对环境的影响，推动了整个物流行业向更加可持续和环保的方向发展，智慧物流因此成为全球供应链管理中不可或缺的一部分，它的发展和完善预示了全球经济活动的智能化和高效化趋势。

2. 智慧物流的含义

自 2009 年“智慧物流”概念提出后，智慧物流集成了各种智能化技术、模拟人类的智能处理方式，已经成为物流和供应链管理领域内的一个热门话题。智慧物流也正因应用物联网、大数据、人工智能等先进数字技术，才能够自动感知、学习、推理和解决在物流过程中遇到的问题，进而提高物流的效率和准确性，减少对人工的依赖，提高整个供应链的响应速度和灵活性。尽管智慧物流获得了广泛的关注，并被视为未来物流发展的关键方向，但智慧物流是技术的应用，更是一种全新的业务运作模式，需要在企业战略、组织结构和企业文化等多个层面进行深入整合和创新，这导致企业界与学术界对智慧物流的具体应用产生分歧。吴萍分析了智慧物流在未来发展过程中将要面对的新的需求和发展困境，并指出未来智慧物流新的发展方向和发展态势。[①] 肖志玲和冯怡嫣通过对比分析国内外智慧物流的发展历程，结合国内智慧物流发展环境提出我国智慧物流发展的基本方向。[②] 林楠经过研究发现，智慧物流的发展与物流供应链紧密相关，基于传统物流发展提出智慧物流发展新模式。[③] 王智泓通过调研和数据总结发现我国智慧物流在经济、人才、效率等方面存在的问题，

① 吴萍．“互联网 +”背景下智慧物流发展的新动能、态势与路径 [J]. 商业经济研究，2018（7）：81-83.

② 肖志玲，冯怡嫣．我国智慧物流基于标准化、绿色化与无人化协同发展研究 [J]. 现代商业，2019（25）：44-45.

③ 林楠．供应链视角下智慧物流模式发展策略选择 [J]. 技术经济与管理研究，2019（12）：60-64.

同时提出解决方案。① 韩佳伟等学者针对农产品物流进行深入研究，发现农产品物流信息化程度低，需要加强技术投入，促进农产品传统物流向智慧物流转变。② 缪亮结合物流业发展趋势指出，数字化技术对传统物流向智慧物流转型具有明显的推动作用，可以有效降低物流成本。③ 矫利艳从供应链角度入手，探究了智慧物流的发展模式，以便于借助供应链的协同机制促进智慧物流的发展。④

智慧物流的实施涵盖了智能仓储，智能包装、搬运和装卸，智能运输，智能配送等多个环节，每一环节都利用先进的技术优化操作和决策过程。智慧物流的应用和实现程度在不同领域和技术层面上存在差异，一些高端的智能化技术在大型企业和发达地区已相对普及，而在一些中小企业和发展中地区，智慧物流的实施可能还面临资金、技术和人才的限制。

（二）智慧物流的特征

1.智能化

随着人工智能、自动化和通信技术的不断进步，智慧物流的智能化程度正在迅速提高，它改变了物流业的操作模式，也提高了整个行业的效率和响应速度。智慧物流的智能化主要体现在物流系统的核心操作上，如运输管理、货物跟踪和自动分拣系统。在运输管理方面，智慧物流系统能根据实时交通状况、天气预报和历史数据自动选择最优的运输路线，以减少运输时间和成本。在货物跟踪方面，利用无线射频识别和条形码等技术，智慧物流系统能实时监控货物的状态和位置，确保货物安全、准时地到达目的地。在自动分拣方面，智慧物流系统借助机器视觉和机械臂技术，自动识别和分类包裹，显著提高了处理

① 王智泓.我国智慧物流发展的现实困境及战略思考[J].商业经济研究，2021（14）：106-110.

② 韩佳伟，李佳铖，任青山，等.农产品智慧物流发展研究[J].中国工程科学，2021，23(4)：30-36.

③ 缪亮.数字化引领物流行业智慧升级的路径探究[J].中国储运，2022（5）：150-151.

④ 矫利艳.供应链视角下智慧物流模式的发展策略研究[J].中国储运，2022（4）：182-184.

速度和减少了人工错误。随着技术的持续发展，智慧物流还将不断融入新的技术和功能，如可以使物流设备和货物实现更广泛的互联互通的物联网技术，这种技术可以收集和分析大量物流数据，进一步优化物流网络的设计和管理。而且，随着无人驾驶技术的成熟和应用，未来的物流运输可能会实现自动驾驶及24小时无间断的运输服务，提高物流效率和降低人力成本。

2. 一体化

在智慧物流的发展中，一体化是指系统通过高度的系统整合，实现物流活动中各环节的无缝连接，这涉及企业内部的生产和物流流程，还包括企业之间以及企业与个人之间的广泛物流活动。换言之，这种全面的一体化布局允许信息和资源在整个供应链上自由流动，从而提高物流效率和服务质量。智慧物流的一体化还意味着将物流与生产、销售等其他企业功能深度融合，形成一个统一的运营体系，这种整合不仅限于物流的管理，更涵盖了信息流和资金流的高效管理，使企业实现订单处理的自动化、客户需求的实时响应以及供应链成本的持续优化。

在实现智慧物流一体化的过程中，核心是智慧物流管理系统的建设和应用。智慧物流管理系统集成了先进的信息技术，如云计算、大数据、物联网和人工智能，实时监控和管理物流过程中的每一个环节。例如，运输管理系统能够实时跟踪货物的位置，自动调整运输路线以应对突发情况；仓库管理系统则利用自动化技术和智能算法优化货物的存储和搬运过程，提高仓库操作的速度和准确性。

3. 社会化

随着物流设施的国际化、物流技术的全球化以及服务的全面化，物流活动已经远远打破了单一企业、地区或国家的界限。这种趋势要求物流系统不但要能够处理本地或国内的物流需求，而且要高效管理跨国界的货物流动和服务交换，以支持区域经济的发展和全球资源的优化配置。社会化智慧物流体系连接了不同地区和国家的物流网络，实现了信息、资源和服务的全球共享。社会化智慧物流还大力推动了国际合作和区域经济一体化，各国可以通过跨国界的物流合作网络共享物流资源和技术，共同解决物流运输中的难题，如关税壁垒、跨境监管和环境保护等问题。这种合作加强了区域连接性，促进了贸易自由化和经济全球化。社会化智慧物流体系是智能型社会发展的基石，因为它能显著地降低全球商品流通成本，提高经济效率，还能带来更广泛的社会和环境效益，如提高能源利用率、减少环境污染和促进可持续发展。随着技术的不断进步和国际合作的加深，社会化智慧物流体系将更加完善，对全球经济和社会发展的推动作用将日益凸显。

4.柔性化

在现代物流领域中，随着全球市场竞争的加剧和消费者需求的日益多样化，传统的“一刀切”式服务模式已无法满足市场需求，物流服务提供商应实现服务的个性化和灵活性，以适应不同客户的具体需求和偏好。这种“以顾客为中心”的服务理念要求物流系统灵活调整服务策略、运输路线、仓储解决方案以及配送方法，确保每一个环节都能根据客户需求作出快速响应。而智慧物流在这一过程中扮演着至关重要的角色，它集成了先进的信息技术，能够实时收集和分析客户数据，预测市场趋势，以及自动调整操作流程来应对这些变化。智慧物流还能利用自动化和机器人技术提高操作的灵活性和效率，并根据交通状况、天气变化和客户紧急需求自动优化配送路线，更重要的是，它强化了物流与客户的互动，客户可以通过移动应用和在线平台，实时跟踪自己的订单状态，提出特殊要求，甚至在必要时调整订单。这种即时的沟通和响应机制可以提高客户满意度，也使物流服务更加人性化和贴近市场需求。

三、智慧物流的功能和作用

（一）智慧物流的功能

1.感知功能

智慧物流体系的感知功能指的是智慧物流系统运用各种先进技术获取运输、仓储、包装、装卸搬运、流通加工、配送和信息处理等各个环节的大量信息。具体而言，智慧物流系统利用物联网传感器、射频识别标签、全球定位系统和其他智能设备，实现对货物、车辆和仓库等信息的实时数据收集和监控，如安装在货物上的传感器可以实时监测货物的温度、湿度和位置。这种实时数据收集和监控功能，使物流各方准确掌握货物的状态和位置，从而提高了物流运作的透明度和可控性。仓库管理人员可以通过智能仓储系统，实时了解库存数量和物品位置，优化库存管理和调度，提高仓库的运作效率；运输管理人员可以通过车辆跟踪系统，实时监控车辆位置和行驶状态，合理安排运输路线，减少运输时间和成本。感知功能还为物流各环节的协同作业提供了有力支持，因为物流企业可以与客户、供应商和合作伙伴实时共享信息，及时调整物流方案，满足客户需求。感知功能的实现，使智慧物流初步具备了智慧的能力，为后续的智能决策和自主运作奠定了坚实基础，从而更高效、更精准地服务整个供应链，为物流行业的智能化发展提供强有力的技术支持。

2. 数据规整功能

智慧物流体系的数据规整功能主要负责将感知功能所采集的信息通过网络传输到数据中心，进行数据归档和整理，建立起强大的数据库。这一过程确保了数据的完整性和准确性，使各类数据更具关联性、开放性和动态性。

数据规整功能并不仅限于数据的存储，还包括对各类数据进行规整和分析，如对数据的分类、整理和标准化处理，以确保不同来源的数据在格式和内容上的一致性。例如，不同物流环节产生的数据经过规整后，可以按照统一的标准进行处理和分析，使物流系统能够对这些数据进行有效利用。数据规整功能的核心在于推进跨网络的系统整合，这样，不同物流系统之间便可以借助数据和流程的标准化处理实现无缝对接和协同运作，从而使物流企业能够在跨网络环境下，进行高效的信息共享和业务协同，提高物流运作的效率和准确性。规整功能还为数据的进一步分析和智能决策提供了基础，强大的数据库和标准化的数据处理流程，使物流企业可以对数据进行深度挖掘和分析，发现潜在的业务机会和优化空间。

3. 智能流程分析功能

智慧物流体系的智能流程分析功能主要运用智能模拟器、数据模型等先进技术手段，对物流问题进行全面分析。智能流程分析需要根据具体物流问题提出假设，并在实践过程中不断验证和修正这些假设，实现理论与实践的紧密结合。例如，当物流系统面临配送效率低下的问题时，智能流程分析功能可以模拟不同的配送方案，找出优质解决方案，并在实际操作中进行验证和优化。在运行过程中，智慧物流系统会自动调用原有的经验数据和历史记录，随时监测物流作业活动。通过对实时数据的分析，智慧物流系统能够迅速发现物流过程中存在的漏洞或薄弱环节，如智慧物流系统可能检测到某个配送中心的处理效率低于其他中心，或是某条运输路线的延误频繁。这些问题一旦被发现，智能流程分析功能将立即提供改进建议，如调整配送路线、优化仓储管理等，从而确保物流系统的整体效率。

智能流程分析功能不仅局限于发现和解决现有问题，还具有前瞻性，可以通过对大量数据的深入分析预测未来可能出现的问题和趋势。例如，基于历史数据和市场需求变化，智能流程分析功能可以预测物流高峰期的到来，并提前做好资源调配和人员安排，确保物流运作的平稳和高效。智能流程分析功能还支持持续改进，因为系统在分析和解决问题的过程中会不断积累新的经验数据，而这些数据会不断地被纳入智能流程分析模型中，逐步提高系统的分析和决策能力，从而不断适应变化的市场环境和客户需求，保持高效、灵活的运作状态。

4.优化决策功能

智慧物流体系的优化决策功能主要源于综合考虑各种因素，为物流决策提供科学、准确的依据。换言之，该功能需要结合特定需求产生作用，根据不同的物流情境，全面评估成本、时间、质量、服务水平、碳排放等多个标准，同时，基于概率的风险，进行预测分析，以确保决策的全面性和可靠性。在具体操作中，智慧物流系统会先收集和整理相关数据，如物流成本、运输时间、产品质量要求、服务满意度、碳排放量等。然后利用先进的算法和模型，评估不同方案的优劣，预测可能的风险和收益。例如，当面临选择运输路线的问题时，优化决策功能会综合考虑运输成本、时间、道路条件、碳排放等因素，评估每条路线的优缺点，进行风险预测。优化决策功能不仅局限于单一指标的优化，还会综合多个指标，提出合理有效的解决方案，从而实现多目标的协调和优化。这种多维度的决策方式，使物流管理更加精准和科学。优化决策功能还具有动态调整的能力，会随着物流环境和需求的变化实时更新数据和模型，重新评估决策方案，提出新的优化策略。例如，当面对突发的市场需求变化或运输条件的临时变化时，优化决策功能会迅速调整物流方案，确保物流运作的连续性和高效性。

5. 系统协同功能

智慧物流体系的系统协同功能是指利用数字技术确保物流的各个环节之间不再各自为政、毫无联系，而是组成紧密相连、相互协作的有机整体。在智慧物流系统中，运输、仓储、包装、装卸搬运、流通加工、配送、信息处理等各个环节通过信息技术实现了数据共享和实时通信，每个环节互通有无，可以及时了解和响应其他环节的动态，而协同功能使物流各个环节的资源配置更加优化。例如，当仓储管理系统实时获取运输环节的到货信息后，可以提前准备库位和人力资源，从而提高货物入库的效率。配送系统可以根据仓储系统提供的库存信息，合理安排配送路线和时间，确保货物及时准确地送达客户手中。系统协同功能还体现在数据的开放性和联系性上，统一的物流信息平台可以使各个环节的数据进行无缝对接和共享，实现信息的高度透明和实时更新。这样，管理者可以全面掌握物流全过程的信息，进行全局性的调度和决策，提高物流系统的整体效率和服务水平。系统协同功能的存在还能使智慧物流系统快速响应市场变化和突发事件。例如，当市场需求突然增加时，系统可以主动协同各个环节的资源，快速调整生产和运输计划，确保货物能够及时供应市场。又如，在面对自然灾害或突发事件时，各环节能够通过系统协同，迅速制订应急方案，确保物流链条的稳定和连续。系统协同功能不仅提高了物流的效率和准确性，还增强了物流系统的灵活性和适应性，各环节的紧密协作和协调，使智慧物流系统能在复杂多变的市场环境中保持高效运作，为客户提供优质的物流服务。

（二）智慧物流的作用

1. 降低物流成本

智慧物流运用先进的信息技术和自动化设备，能够显著减少各行业的物流成本，进而提高企业的利润。智慧物流的关键技术，包括物体标识及标识追踪、无线定位等新型信息技术，能够对物流过程中的每一个环节进行智能化管理和控制。其中，物体标识及标识追踪、无线定位技术使每一件货物都被精地准识别和实时跟踪，显著提高了物流操作的准确性和效率，减少了人为操作带来的误差和损耗。通过对货物的实时监控，企业能及时发现并解决运输过程中的问题，减少货物丢失和损坏的风险，从而降低物流成本。智能调度管理系统能够根据实时数据进行物流资源的优化配置，选择最优的运输路径和运输方式，避免空载和重复运输，减少燃油消耗和车辆磨损。这样不仅降低了运输成本，还提高了运输效率，使货物能够更快、更安全地到达目的地。智慧物流借助整合物流核心业务流程，实现了各个环节的无缝对接，仓储管理系统可以与运输系统、配送系统进行数据共享，确保货物在入库、出库、配送等环节的高效衔接。这样的整合管理可以减少操作时间和人工成本，提高物流流程的合理化和透明度，使企业能够更好地控制和管理物流成本。

2. 推进物流产业发展

智慧物流集仓储、运输、配送、信息处理等多功能于一体，打破了行业限制，实现了部门利益的协调和集约化高效经营，优化了社会物流资源配置。具体来讲，智慧物流可以使过去分散于各处的物流资源，如仓储设施、运输工具和配送网络，在智慧物流体系中得到统一管理和调度。这样的集中处理提高了资源利用率，还使物流企业能够发挥整体优势和规模优势，实现传统物流企业的现代化、专业化和互补性发展。智慧物流还促进了物流企业之间的合作与资源共享，共享仓库、运输车辆和配送中心等基础设施，大大降低了各自的运营成本和费用支出。同时，配套服务和信息的共享使物流企业能够更好地协调各自的业务流程，提高服务质量和效率。

3. 促进企业各环节互联互通

随着物联网技术在智慧物流中的应用和普及，物与物的互联互通已经实现，这就为企业的物流系统、生产系统、采购系统与销售系统的智能融合打下了坚实基础。企业可以实现对物流过程中的每一个环节的实时监控和管理，从而提高整体运营效率。而且，RFID 技术使物资的识别和追踪变得更加精准和快捷，传感器网络则能够提供环境数据和状态信息，这些数据被整合进企业的信息系统中，形成一个全面的智能管理平台。在这个平台上，物流系统与生产系统紧密结合，生产需求可以即时传递给物流部门，确保原材料和半成品的供应及时到位，避免生产延误。采购系统的智能化也得益于物联网技术的应用。通过实时数据分析，企业可以更加准确地预测采购需求，优化库存管理，减少库存积压和物资浪费。除上述部门外，销售系统的数据可以直接反馈给生产部门和物流部门，使生产计划和物流配送能够根据市场需求进行调整，提高响应速度和市场竞争力。

网络的融合促进了企业内部各个系统的协同工作，也推动了智慧生产与智慧供应链的融合，企业物流作为智慧生态中的有机组成部分，不再是一个孤立的环节，而是企业整体运营的核心部件，直接打破了传统的工序和流程界限，使企业能够实现更高效的资源配置和管理，提升整体竞争力。

4. 提高消费者购物体验

智慧物流系统通过提供全面的货物源头自助查询和实时跟踪服务，提高了消费者的购物体验，特别是在食品类商品上，详尽的源头查询功能使消费者可以轻松地获取食品的生产信息、成分、有效期限以及运输历史等详细信息。这种透明的信息披露让消费者能够更加放心地购买食品，确保所购买的食品安全可靠。智慧物流还能有效地优化物流路径和配送效率，减少货物在运输中的延误和损耗，从而降低了物流成本，成本的降低最终惠及消费者，使商品价格更加合理，消费者在享受高质量服务的同时还能节省开支。智慧物流系统的高度自动化和智能化特点还意味着消费者可以在购物过程中享受更加个性化的服务，系统能够根据消费者的购物习惯和偏好，推荐适合的商品，提供定制化的优惠信息，进一步增强消费者购物的便捷性和愉悦感。

5. 提高监管部门工作效率

智慧物流系统拥有高度集成的信息技术，可以全程监控商品从原材料到消费者的每一个环节，确保每个步骤都符合相关法规和安全标准，这不仅减轻了监管部门在物流监管上的工作负担，还增强了监管的彻底性和透明度，为监管部门在监管商品的生产、运输与销售过程中提供了重要支持。换言之，监管部门可以通过智慧物流系统接收关于商品流通的各类数据，如运输路径、时间节点、仓储条件等，这使监管行动更为精准和及时。这些数据还可以帮助监管部门预测和解决潜在的供应链问题，减少因监管不力可能导致的食品安全事件和其他公共安全问题。

智慧物流系统还支持自动化的数据分析和报告生成，提高了数据处理的效率和准确性，监管部门只需使用相应的工具，就可以快速获得决策所需的信息，从而更快地响应市场变化和监管要求。例如，通过分析物流数据，监管部门可以优化资源分配，改进法规制定，以更科学的方式进行市场管理。计算机和网络技术的应用，大幅提高了监管部门的工作效率，推动了监管服务的现代化，有助于建立一个更加高效、透明的监管系统，增强大众对监管部门监管能力的信任，从而促进整个社会经济体的健康和有序发展。

第二节　智慧物流的发展

一、数字化发展

在智慧物流的框架下，数据作为关乎物流产业的关键生产因素，其数字化转型直接影响整个物流行业的发展。物流产业的基础数据包括从各种物流活动中收集的知识、资料、图像、数据和文件，这些数据的数字化转型是提高决策质量、优化物流方案设计与实施的基础。在当前技术进步的背景下，数据采集和处理的智能化、自动化水平正在快速提高，这从根本上改变了物流数据处理的方式，提高了数据的准确性和实用性。而且，智能数字化设备的广泛应用和数据对接协同技术的发展，以及智能手持终端的普及，更是加速了数据的录入和传输过程，使大量物流信息能够即时更新和共享。未来，随着物流信息化基础设施的持续完善和智慧物流技术的进一步发展，物流行业的数字化程度将达到新的高度，信息不对称和“信息孤岛”的问题也会逐步解决，这将极大地增强整个物流链的协同效应和透明度，成为物流行业发展的一个重要里程碑。

二、智慧化发展

随着人工智能技术的持续迭代和升级，智慧物流正在逐步成为物流行业创新的前沿，甚至可能在未来应用物流机器人进行物流活动。这一变化标志着物流智慧化的全面到来，彻底改变了传统的物流操作模式和业务布局，推动整个物流行业向更高效、更智慧的方向发展。智慧物流的实现依赖物流机器人的广泛应用，还涉及智能感知技术、智能布局规划、智慧排产系统以及智能路径规划等多项技术的综合创新。这些技术的应用使物流供应链从“预测—库存—仓储—运输—配送”全链路的资源都能够进行动态调整和自主管理，这种全面的技术革新提高了物流效率，显著提高了物流服务水平和顾客满意度。例如，智能感知技术可以实时监测库存状态和物流环境，智能布局规划则可以优化仓库和运输网络的配置，智慧排产系统可以自动调整生产和供应链计划，而智能路径规划则确保运输路线最优化，减少延误和成本。

智慧物流的智慧化发展还体现在凭借精准的数据分析和高度自动化的操作，更好地预测市场需求，以便于更快地响应顾客订单，减少错误和延误，从而提供更加个性化和高质量的服务。智慧物流还能通过优化路线和资源配置，降低运营成本，减少能源消耗和环境影响，符合可持续发展的要求。随着智慧物流智慧化程度的不断加深，物流行业将迎来一个全新的时代，物流企业可以更加灵活地应对复杂多变的市场环境，更有效地利用资源，同时为客户提供更高效、更便捷、更环保的服务，推动物流行业供应链管理的优化升级，为全球经济的发展注入新的活力。

三、集成化发展

随着时代的发展，众包、众筹、共享等新分工协作方式的广泛应用促使智慧物流领域经历一场集成化的革新，企业的业务流程和经营模式将发生根本性的变革，其中，创新将成为推动智慧物流发展的核心动力。智慧物流进一步深化新零售模式下的“线上线下一盘货，服务产品一体化”理念，使物流服务变得更加灵活，可以进行高效的整合，以响应市场需求。在这一背景下，共享经济将会发挥更为关键的作用，因为个人、车辆、仓库以及商铺店面等几乎所有可利用的资源都有可能成为物流的一部分，这些物流资源的配置和利用也将依托共享 IT 平台变得更加灵活和经济，进而实现资源的最大化利用。这种模式使物流成本得以降低，有助于碎片化资源的有效整合，进而提高物流系统的响应速度并扩大服务范围，智慧物流中的智能仓储系统便是这一集成化升级中的典型案例。仓储信息的集成、挖掘、跟踪和共享都依托高级信息技术得以实现，推动了取货自动化、进出货无缝化以及订单处理的准确性和高效性，展现了信息技术在物流中的应用价值。例如，智能仓储系统能够进行实时数据分析，自动调整库存水平，预测需求波动，优化货物布局，从而减少过剩或缺货的情况，提高仓储空间的使用效率。智慧物流的集成化还意味着更强的数据驱动能力和客户服务优化。通过集成化平台，物流公司能够提供更加个性化的服务，如即时配送、实时跟踪和个性化包装，满足消费者多样化的购物和物流需求。这种服务可以增加客户的满意度，也为物流公司带来了更多的业务机会和竞争优势。

四、个性化发展

在未来的智慧物流发展中，服务必然成为影响顾客体验和满意度的关键因素，这就意味着传统服务需要上升为个性化服务。随着技术的进步，尤其是大数据和云计算的广泛应用，物流服务获得的技术加持越来越多，传统的集中化运作模式被开放共享的物流服务网络替代。物流服务网络的出现不仅提高了物流服务的效率和质量，还能根据顾客的具体需求和消费特征提供个性化、定制化的解决方案。智慧物流的个性化服务主要体现在对顾客大数据的分析和应用上，智慧物流通过分析顾客的购买历史、搜索偏好和社交媒体活动，可以预测顾客对某一商品的需求趋势，进而根据顾客的消费需求及时调整资源配置和物流策略，这种方式不仅减少了库存成本和运输延误，还确保了顾客能够及时收到他们所需的商品。智慧物流的个性化服务还体现在为顾客提供更人性化的购物和物流体验上，即系统可以根据顾客的具体需求提供多样化的配送选项，如即时配送、定时配送、环保配送等，同时提供实时跟踪和透明的订单管理服务，顾客可以根据自己的需求和喜好，选择适合自己的物流服务方式，甚至在需要时进行实时调整。

为进一步提供个性化服务，智慧物流的云计算平台可以提供更加灵活和可扩展的服务体系，或利用人工智能技术自动化处理顾客反馈，提高服务响应速度和服务质量。通过这些自动化和智能化的服务，智慧物流不仅能满足顾客的基本需求，还能提供超出顾客期待的服务体验。随着智慧物流个性化服务的不断深化和完善，顾客将体验到更便利和满意的服务，从而真正感受到智慧物流发展带来的红利，而顾客的满意度也将推动物流行业服务创新，实现物流行业的高质量发展。

五、绿色化发展

物流行业作为全球能源消耗和碳排放的重要来源，其绿色化转型对提高行业自身的可持续性至关重要，同时也是实现环境保护目标的关键环节。智慧物流作为实现物流绿色化的重要手段，引入高效的技术和管理模式能显著提高物流操作的效率，同时减轻环境负担。例如，智能运输系统的应用可以优化货物配送路线和装载率，减少空驶和回程，从而降低燃油消耗和二氧化碳排放；智能仓储系统利用自动化和机器人技术能够减少能源消耗和废物产生；而智能化的信息管理系统能有效减少纸质文档的使用，进一步降低物流行业的碳足迹。

绿色包装是智慧物流中一个重要的组成部分。传统的物流包装材料往往造成大量的资源浪费和环境污染，智慧物流推动使用可回收、生物降解的包装材料，并优化包装设计，减少包装使用的总量，从源头上减少环境影响。绿色末端配送也是智慧物流绿色升级的关键环节，使用电动车辆或者自行车进行城市内的“最后一公里”配送，可以减少传统燃油车辆的碳排放，在提高配送效率的同时减轻城市交通的拥堵。随着技术的不断进步，物流行业的绿色升级还将涉及更多创新的技术和策略，但最根本的还是邀请更多的物流企业参与绿色供应链的建设，推动整个物流行业的绿色转型。因此，智慧物流的绿色化发展不仅是物流行业响应国家绿色发展战略、实现可持续发展目标的重要手段，而且是实现物流产业飞速发展的核心路径。

六、共进化发展

智慧物流的发展离不开先进的信息技术和数据分析，有助于优化物流自身的操作效率，推动整个产业链的协同和融合。这种从用户需求出发的逆向工程方式，使供应链的每一个环节都能更紧密地联动，从而加速“协同共享”生态系统的形成，推动智慧供应链的变革。在智慧物流的推动下，供应链各个环节的信息流、物流和资金流得到了更加高效和透明的管理。智慧物流还能通过集成的平台，使供应商、制造商、分销商和零售商之间的信息共享变得无缝，加强了供应链上下游之间的协作，提高了整个链条的响应速度和灵活性。进一步地，智慧物流提供定制化和个性化的物流解决方案，使企业能更好地满足终端用户的需求，增强用户体验，这种以用户为中心的服务模式提高了消费者的忠诚度，也促使供应链各环节更紧密地协作，确保服务的连贯性和高质量。

随着智慧物流的进一步发展，未来将有更多基于云计算、物联网、人工智能等技术的创新应用被引入供应链管理中，这些技术将使供应链在操作上更加智能化，在战略决策上更加具有前瞻性。这种全面的智慧化升级使智慧物流改变了物流行业的运作模式，更推动了整个产业链的共进化，助力形成一个更加协同、高效和可持续的商业生态系统。

第三节　智慧物流生态体系

一、智慧物流生态体系内涵

随着工业 4.0 的不断深入推进，物联网、云计算、大数据、人工智能、5G 和区块链等一系列前沿技术正在快速推动产业的数字化变革，而物流行业作为国民经济的重要支柱，处于这一数字化变革的核心。在这个背景下，智慧物流是物流行业发展的必然趋势，更是形成了业界的广泛共识。基于此，智慧物流企业迅速崛起，借助新时代的技术和机遇，不断深化与制造业、商贸业、农业、金融等多个行业的融合，从而重塑了一个全新的产业智慧化生态系统。这种生态系统正在深刻改变传统物流企业的商业模式和运营方式。当前，学术界对“智慧物流生态”这一概念虽然还没有一个统一的定义，但各种理论和模型的探讨为这一领域的发展提供了多种视角。例如，基于自然生态链的智慧物流生态强调了物流活动与自然环境和社会环境的和谐共生，推动了绿色物流和可持续发展的实践；面向新零售的智慧物流生态则聚焦利用高效的物流支持实现线上线下融合，满足消费者的个性化需求；基于可持续发展的智慧物流生态关注的是利用智慧物流减少资源和能源的消耗，实现经济效益与环境保护的双重目标。这些不同的智慧物流生态视角展示了智慧物流的多样性和复杂性，也指明了其发展的多重方向和深远影响。未来，随着技术的发展和行业实践的深入，智慧物流生态的概念将更加丰富和完善，智慧物流也将更深入地融入各行各业，成为驱动全球供应链创新和产业升级的关键力量。

（一）基于自然生态链的智慧物流生态

在生物学理论中，“生态链”和“生态位”概念是两个关乎整个生态系统的核心理念，前者指的是相互制衡的链状系统，后者指的是生物在环境中占据的特定位置。生态链中不同节点的成员具有不同的生态位，形成彼此连接的生态关系。自然生物学的“生态链”和“生态位”概念为人们理解和分析物流系统内部动态关系提供了一种独特的视角。将这种生态理论应用在物流行业中，物流企业的“生态链”可以等同为整个物流供应链生态系统，而“生态位”可以指代物流企业在整个“生态链”中所承担的角色和功能。

随着全球化和技术创新推动物流需求的多样化与定制化，物流企业之间以及与其他行业的合作方式正在快速地变革，这种变革涉及服务的优化和业务的拓展，也涉及物流生态系统中的各企业生态位的重新定位和调整，也就是说，这些企业需要随着行业需求和技术进步而发生深刻变化。传统的物流企业可能只专注于运输和存储，但现今的物流企业必须承担供应链管理、客户服务、信息处理和技术整合等更多、更复杂的功能。这就要求物流企业主动提高自身的技术能力和服务水平，还需要利用创新来寻找新的生态位，以减少与其他企业的直接竞争，增加其在生态系统中的价值和独特性。面对这种情况，一些物流公司已经开始利用高级数据分析、人工智能和物联网技术来优化操作，提供更加个性化和高效的物流解决方案。这种技术驱动的服务转型提高了物流企业在传统物流服务市场中的竞争力，使物流企业能够进入智慧城市物流、冷链物流等高端、全新的市场，实现与其他类型企业的功能互补和资源共享。同时，随着环境保护和可持续发展的需求日益增长，许多物流企业也在积极探索绿色物流和循环经济模型，通过优化包装、改进运输方式、减少废弃物和碳排放等措施，来构建自己在生态物流领域的新生态位。这种做法仅响应了环保趋势，也为物流企业带来了新的业务机会和品牌价值。

在自然生态系统中，每一个生物种群都在其生态位中演化，形成了复杂而有序的生态链关系，这种机制也适用于理解智慧物流的生态进化。智慧物流生态体系构建的核心在于模拟自然生态系统的协同与平衡机制，利用现代信息技术优化物流服务的供需匹配和资源配置。智慧物流生态体系的发展依托数据共享、信用机制和物联网技术的综合应用：数据共享提供了一个透明、实时的信息交流平台，使得所有生态参与者都能够基于相同的事实基础作出决策；信用机制则是维系这一系统中各方互信与合作的基石，尤其是在解决信息不对称和降低交易成本中发挥了关键作用；物联网技术则通过连接各种智能设备和传感器，实现物流过程中实时数据的捕捉和传输，增强了物流系统的响应速度和灵活性。

智慧物流生态的核心是平台运用中心，它承担着协调供给侧生态群和需求侧生态群的重要职责，它通过集成和分析来自供给侧和需求侧的大量数据，利用高级算法和人工智能技术，实现对物流资源的优化配置和高效匹配。例如，在智慧仓储领域中，平台运营中心可以根据实时的存储空间和物流需求，自动调配最优仓库位置和物流路径；在智慧运输领域，平台运营中心则可以根据交通状况、天气预报和货物特性，动态规划最佳运输路线。

智慧物流生态体系还强调在供给侧生态群与需求侧生态群之间建立持续的反馈机制，通过持续的数据分析和学习，不断调整和优化服务策略，以更好地适应市场变化和客户需求，这种从需求出发，到供给调整，再到需求满足的闭环操作，确保了物流服务的高效性和顾客满意度的最大化。随着智慧物流生态系统的深入发展，它将不仅是物流行业内部的优化升级，更是整个供应链乃至全球经济运行效率提高的重要推动力。

（二）面向新零售的智慧物流生态

网络零售的膨胀式发展曾带动了电商产品营销的迅猛扩张。然而，从2016年起，网络零售的增长率开始放缓，网络零售的一些缺陷也逐步显现，如网上购物体验与线下购物体验相比，网上购物体验较差，换货、退货维权难，发货、收货速度慢，等等，标志着传统电商模式可能已触及其发展的“天花板”。面对这一挑战，新零售模式应运而生，这种模式依托互联网技术，以线下物流为支撑，重新定义了电商与实体零售的结合方式，推动了经济产业的新一轮发展。新零售模式借助线上与线下的无缝整合，结合现代化高效的物流系统，旨在提供一种更全面的购物体验。这种模式不但解决了电商产业面临的用户增长放缓的问题，而且有效地弥补了电商在体验感和即时满足方面的不足。新零售在实体店提供试用、体验的同时，结合线上的便捷购物，大大优化了消费者的购物流程，从而提高了顾客满意度和忠诚度。

随着大数据、云计算、人工智能等现代信息技术的融入，智慧物流系统成为新零售模式成功实施的关键，这些技术使物流操作更加智能化和自动化，从需求预测、库存管理到货物配送，每一环节都能实现数据驱动的决策支持，极大提高了物流效率和准确性。智慧物流还能实时响应市场变动，动态调整供应链策略，使物流服务能够更好地支撑快速变化的市场需求。新零售的发展还带来了社会效益的提高，如农产品直供领域在智慧物流的支持下，解决了“卖难”和“买难”的问题，农民可以利用电商平台直接将新鲜的农产品快速地送至消费者手中，提高农产品的销售效率，也能保证食品的新鲜度和质量，促进农业供应链的现代化。

面向新零售的智慧物流生态系统是一个革命性的概念，它融合了线上和线下资源，创建了一个互动、互依、共生的环境，而身处这种环境的智慧物流系统不仅是技术的集合体，也是合作和共享的平台。在这个生态系统中，物流服务提供商、零售商、技术供应商和最终用户等，都拥有独特的功能，同时相互依存，利用资源共享和数据交换来实现优化供应链、提高服务效率并增加顾客满意度等共同目标。这种面向新零售的物流生态与传统物流业的价值模式有着根本的不同。在传统模式中，物流企业往往依赖自身的物流网络、仓储设施和运输能力来建立市场竞争优势，强调内部资源的优化和独立运作。相反，新零售物流生态侧重构建开放的平台来整合广泛的行业资源，包括传统的物流资源，数据处理能力、客户关系管理以及与其他商业实体（如制造商和零售商）的合作。这种开放和共享的策略使新零售物流生态能够实现资源的最大化利用和优化配置。这种生态系统还鼓励创新，因为它提供了一个多方参与、共同受益的环境，新技术和业务模式可以在这种开放的生态中迅速传播和实施，为智慧物流系统添砖加瓦。

（三）基于可持续发展的智慧物流生态

智慧物流不仅是物流行业发展的趋势，也是响应环境保护和可持续发展挑战的重要途径。智慧物流作为利用先进的信息技术和自动化技术实现物流操作优化的特殊物流形式，能够有效提高能效，减少废物产生。智慧物流的集成供应链管理可以提高资源的利用效率，精确的需求预测和库存管理，可以显著地减少过度生产和过度库存，从而减少资源浪费。这种从源头上减少资源消耗和废物产生的策略，是实现物流业可持续发展的关键，这就要求在建设智慧物流生态体系的过程中，强化生态与经济效益的双重目标，实现经济效益最大化的同时承担起社会责任，保护生态环境，推动绿色生产和绿色消费。最重要的一点是，智慧物流的发展应与全球可持续发展目标相结合，形成一个循环、低碳、高效的物流体系，从根本上改善物流行业的发展前景，也对整个社会经济发展和生态环境保护产生积极影响。

二、智慧物流生态体系组成

智慧物流生态体系主要包含四个部分，分别是基础设施、单元实体、社群网络、产业融合。

（一）基础设施

对于物流行业来讲，基础设施是指物流供应链全链条上为满足物流组织与管理需要的、具有综合或单一功能的场所或设备的统称。传统的基础设施多为机械化设备，随着信息技术的大力发展，传统的物流基础设施逐渐演变为集成了先进技术的智慧物流设施，物流活动的速度、准确性和成本效率都得到了明显提高。

在智慧物流基础设施中，智慧仓库通过自动化和数字化技术实现了库存管理的智能化转型，同时，智慧仓库还利用物联网技术实时监控库存状态，确保库存数据的准确性和实时性。与智慧仓库相匹配的还有智慧码头和智慧园区，两者通过集成信息流和物流实现了货物装卸和转运的高效率，即基于地理信息系统、RFID 技术和自动识别系统，能够快速准确地处理大量的物流信息，从而显著地缩短货物的等待和处理时间，降低了物流成本。智慧站台和智慧线路（包括铁路、公路、水路）的建设则更注重运输效率和安全性，其中，智慧站台利用先进的通信和监控系统能够实时调度运输工具，优化车辆行驶路线，同时监测交通状况，防止拥堵和事故的发生；而智慧线路则利用大数据和人工智能技术对交通流进行分析，预测潜在的延误和风险，从而提前作出调整。

（二）单元实体

物流行业中的单元实体是指整个物流全链条中涉及的人、物件、系统、设备等事物。这些事物在智慧物流生态中有着重要的作用，是构建高效、响应灵敏的物流系统的关键组成部门，所以，单元实体的数字化和智慧化对于智慧物流至关重要。换言之，智慧物流中的每个单元实体，无论是人、物件、系统，还是设备，都被赋予了利用信息技术集成和智能化功能提高物流效率的能力，这些单元实体通过高度的互联和数据交换，共同工作，优化整个物流链的操作。

人作为智慧物流的重要组成，无须再像传统物流工作人员一样费心费力，只需要控制对应的软件和硬件就能完成整个物流过程。在物件方面，手持终端、智慧头盔和智慧手环等可以实现实时数据收集和通信，为物流人员提供必要的信息和操作指引，提高了现场操作的效率和安全性。例如，智慧头盔可以实时显示货物信息和操作指南，减少工作错误并加速处理流程；智慧手环能监控物流工作人员的健康状况，确保其在高强度工作环境中的安全。在系统层面，接单系统、作业系统、调度系统和监控系统等可以依托自动化和智能化的软件平台，实现对物流过程的精确控制和优化管理。例如，接单系统能够自动处理订单，分析订单模式，优化货物分配；调度系统利用算法对运输资源进行优化配置，确保运输效率；监控系统则全天候跟踪物流状态，实时反馈问题，确保物流活动的透明度和可追溯性。在设备方面，高度自动化的分拣机、自动引导车、RFID 系统等高技术设备可以借助自动化处理大幅提高仓储和运输的速度与准确性，降低人工成本。例如，自动分拣机能够快速准确地将商品分类并配送到指定位置，而自动引导车可以在仓库内自动运送货物，减少人工搬运的需求和相关的物流错误。这些高度数字化和智慧化的单元实体使智慧物流生态能够实现操作的高效率，同时提高整个物流体系的响应速度和服务质量。随着技术的进一步发展，这些单元实体的集成将更加紧密，智能化程度将更高，从而推动物流行业朝着更加自动化、信息化和生态化的方向发展，满足现代社会对物流服务的要求。

（三）社群网络

物流行业中的社群网络与互联网社群基本相似，都是指依托网络应用联结在一起的群体，通常是由人组成。社群的所有个体都是为了实现明确的目标而聚集在一起的。智慧物流生态中的社群网络是指通过高度的网络化连接和明确的角色分工，这些角色发挥自身作用时形成了一个互动密切的合作网络，构成了物流服务的基本框架。这种社群网络可以提高物流服务的效率，也能提高整个供应链的透明度和响应速度。

智慧物流的社群主要分为供给侧生态社群、物流生态平台运营社群、需求侧生态社群三大类。供给侧生态社群主要由物流服务提供者组成，包括运输公司、仓储服务商、包装供应商等，这些组织或个体负责提供物流服务所需要的基础设施，借助智慧物流技术，提供更高效、更可靠的物流服务，从而满足日益增长的市场需求。物流生态平台运营社群则是由各种物流平台构成，这些平台利用高级信息技术集成各方资源，提供一站式的物流服务解决方案，尤其是大数据分析、云计算和人工智能等技术，能够对供给侧和需求侧的信息进行实时匹配和优化，确保物流资源的最优配置。需求侧生态社群则由各种物流服务的使用者组成，包括制造业企业、电商平台、零售商以及最终消费者等，这些用户依赖智慧物流生态系统提供的高效和定制化的物流解决方案，以支持其业务运营和市场扩展。智慧物流平台可以使需求侧用户轻松获取各种物流服务，享受更快捷、更个性化的物流体验。在智慧物流生态中，这三个社群依托智慧平台紧密相连，形成了一个高度协同的网络，平台运营商在其中扮演关键角色，确保了信息流和物流的高效匹配，推动了供给侧和需求侧之间的深入融合。智慧物流生态系统的构建提高了物流服务的整体性能和客户满意度，促进了整个物流行业的创新和可持续发展。

（四）产业融合

产业融合，顾名思义，就是不同行业间的有机融合。这种融合使各行业之间的界限变得模糊，引发深层次的结构性变革，推动了新技术、新模式和新思维的交叉应用，使原本独立运作的行业开始共享资源、技术和市场，共同探索新的发展机会。例如，在技术推动下，传统制造业与信息技术行业的融合催生了智能制造的概念，改变了制造业的生产方式，使制造业服务化、智能化成为可能。如今，许多传统行业逐步引入大数据、云计算、人工智能等现代信息技术，提高了自身的运营效率，能为消费者提供更加个性化和高质量的服务，满足了消费者多样化和高端化的需求。这种从技术到业务模式的全面升级，使行业焕发了新的生机与活力。在宏观层面上，产业融合助力经济结构的优化升级，不同产业凭借跨界合作和资源共享相互补充优势、共同应对挑战，从而推动整个经济体系向更高效、更可持续的方向发展。

产业融合在当代经济发展中起着至关重要的作用，尤其是在物流行业，它展现了与其他产业（如制造业、农业和金融业）的交叉融合潜力，这种融合促进了新技术的应用和新业态的产生，加速了产业结构的优化升级。

1.制造业与物流业的深度融合

制造业与物流业的深度融合，是现代工业发展中的一大趋势，尤其是在追求效率和响应速度的背景下，这种融合尤为重要。传统制造业的生产加工与物流环节往往相对独立，但这种模式在当前快速变化的市场环境中已显不足。优化整合生产与物流过程可以显著地提高制造系统的整体效率，还能减少资源浪费，提高反应速度，从而更好地满足市场和客户需求。国家政策支持为制造业与物流业的融合提供了强有力的推动，如《推动物流业制造业深度融合创新发展实施方案》的出台促进了政策环境和市场环境的优化，还提供财政、税收等方面的支持和激励，鼓励企业凭借技术创新和模式创新实现制造与物流的深度融合。具体而言，制造业与物流业的深度融合涉及采用自动化的物流系统，以减少人工操作错误和提高物料处理速度；引入智能化的库存管理系统以优化存货水平并减少资金占用；使用先进的供应链管理软件来增强整个供应链的透明度和协调性；进行实时数据分析以帮助企业更精准地预测市场需求，调整生产计划和物流安排，从而实现更灵活的生产调度。这种政策与技术双重驱动的模式，使制造业降低了成本、提高了生产效率，从而更加精准和高效地服务制造过程，共同推动制造业的转型升级和持续发展。

2.农业与物流业的深度融合

在农业领域，果蔬、杂粮等农产品的生产、包装、仓储、运输等各个环节都离不开高效的物流服务，而且农业的现代化发展，尤其是农产品的快速流通和保鲜，离不开物流业的有力支持，因为高效的物流服务能够确保农产品在理想状态下迅速送达市场，减少损耗，提高农产品的市场竞争力。加快农业现代化建设，推动农业发展方式的转变，健全和完善农村物流服务体系，是实现农业现代化的关键一环。加强农业与物流业的深度融合，能够有效提高农产品的流通效率，降低物流成本，促进农业的可持续发展。具体措施包括建设和完善农村物流基础设施，如冷链物流体系，以确保农产品在运输过程中的质量和新鲜度；促进农业信息化，利用大数据和物联网技术，实现农产品流通的全程监控和管理；鼓励农业合作社和物流企业加强合作，优化农产品的供应链管理，提高物流服务水平。通过这些措施，能够为农产品生产者和消费者提供更高效、更便捷的物流服务，推动农业与物流业的协同发展，实现农业的现代化和可持续发展，提高农民收入和生活质量，同时推动整个农村经济的发展和繁荣。

3. 金融业与物流业的深度融合

在金融业方面，金融产品及服务方式持续呈现多元化的发展趋势，信息技术的飞速发展逐步打破了金融行业和物流行业的界限，使互联网金融和物流业的融合发展模式日臻成熟。在此背景下，金融机构与物流企业之间的合作逐渐普遍化，不再局限于传统的存贷款、担保、租赁等金融产品，保险、保理、参股融资等多种新型金融服务方式也逐渐进入物流行业，为物流企业提供了更多的资金支持和保障。金融机构通过提供多样化的金融服务，帮助物流企业优化资金流动，提高资金使用效率。例如，保险和保理服务能够帮助物流企业降低运营风险，保障货物安全，确保资金回笼的及时性；参股融资则为物流企业带来直接的资金投入，支持其扩大规模并提高服务能力。这种多元化的金融服务模式，推动了货币资金在物流产业的高效流动，增强了物流企业的资金实力，促进了物流业务的创新发展。金融业与物流业的深度融合，可以显著地提高物流行业的整体竞争力，为金融机构开辟了新的业务增长点，实现了双方的互利共赢，更重要的是，物流行业将迎来更加广阔的发展前景。

第四节　智慧物流系统架构

一、智慧物流系统的理论根据

（一）与物流学科相关的分支学科

物流学科作为一个综合性和应用性较强的领域，不仅关系到物品的运输和存储，还涉及整个供应链管理，包括信息流、资金流等多个方面，是连接生产和消费的重要桥梁。所以，其理论和实践的发展反映了现代社会经济活动的复杂性和动态性。物流学科与经济学、管理学和工程技术学三大学科融合后诞生了与物流相关的三大分支学科，分别是物流经济学、物流管理学和物流工程技术学。

物流经济学聚焦物流活动与经济系统之间的互动，主要包含以下几个方面：第一，物流体制理论探讨了物流活动的组织形式和管理模式，旨在通过优化物流体制来提高整体经济效率；第二，物流市场结构和需求理论分析了市场上物流需求的形成机制和影响因素，包括如何通过调整物流服务的供给来满足不断变化的市场需求；第三，要素价格理论、分配理论研究及工资理论则涉及物流活动中各种资源（如劳动力、资本、技术）的成本和分配问题。

物流管理学从更宏观的角度组织和优化物流活动，包括以下几个方面：第一，物流作业管理，如物流计划的制订、执行与监控；第二，物流组织管理，涉及物流系统的结构设计和优化；第三，人事（行为）管理，关注如何利用管理措施提高物流人员的效率和动力。这一分支学科强调了战略性和系统性的管理方法，旨在利用高效的物流管理提高整体的服务质量和经济效益。

物流工程技术学则着眼于物流活动中所应用的具体技术和工具，包括以下几个方面：第一，运输技术，如不同运输工具和路线的选择与优化；第二，仓储技术，关于如何高效地存储货物以减少成本和提高响应速度；第三，装卸搬运技术，涉及货物装卸过程中的效率和安全性；第四，包装技术，确保货物在运输和存储过程中的完整性；第五，分拣和配货技术，使用高效的分类和配送系统确保货物快速准确地到达目的地；第六，流通加工技术，即在物流过程中对产品进行必要的加工处理，以满足特定的市场需求。

（二）智慧物流的理论基础

智慧物流是一种利用先进信息技术和智能化设备来优化和自动化物流流程的系统，它改变了物流行业的操作方式，还推动了与其他行业的深度融合。因此，智慧物流的理论基础不仅涉及传统的经济学、物流管理和工程技术，更需要结合系统论、控制论、信息论和运筹学的相关知识进行阐述。系统论提供了一个框架，帮助理解物流系统的整体性和相互依存性；控制论关注系统的稳定性和优化控制，确保物流操作可以在各种不确定性条件下稳定运行；信息论则强调信息的传递和处理效率，对优化数据通信和减少信息失真至关重要；运筹学通过数学建模和算法设计，解决物流中的优化问题，如最优路线规划、库存控制和资源分配。随着技术的进步和市场的需求变化，智慧物流系统也在不断演化，这种演化可以显著地提高物流效率，降低成本，推动整个供应链的现代化和信息化，使物流行业能够更好地服务全球化和数字化的经济环境。

1. 系统论

系统英文为“system”，源自古希腊语，表示“由部分构成整体”的概念。1937 年，理论生物学家贝塔朗菲（Bertalanffy）提出了一般系统论原理，这一理论使系统思想从古老的哲学观念上升为科学研究的范畴，并开始作为一门独立学科发展。一般系统论认为，所有系统都具有开放性、自组织性、复杂性、整体性、关联性、等级结构性、动态平衡性以及时序性等共同的基本特征，这些特征不仅体现了系统的本质，还揭示了系统内部各部分之间以及系统与外部环境之间的相互作用和有机联系。显然，系统论不仅是一种反映客观世界规律的科学理论，更是一种科学的方法论，它强调从整体视角出发去理解和解决问题。

系统论作为一门新兴学科，致力研究系统的结构、特点、行为、动态、原则、规律以及系统间的联系，并试图通过数学模型对系统功能进行精确描述。换言之，它强调将研究和处理对象视为一个有机整体，并通过完整性、集中性、等级结构、终极性以及逻辑同构等概念，探索适用于所有综合系统或子系统的模式、原则和规律。同时，系统论特别关注整体与局部、局部与局部以及整体与外部环境之间的有机联系，强调各部分之间的相互依赖、相互制约和协同作用，形成一个有机统一的整体系统。系统论通过揭示系统内部和外部的相互关系以及动态变化规律，为科学研究提供了一种全新的视角和方法，也为社会管理、经济规划、工程设计以及环境保护等领域提供了强有力的理论基础和实践指导。

2. 控制论

控制论，英文为“cybernetics”，起源于希腊语，意指“掌舵人”或“管理者”，是 20 世纪 30 年代到 40 年代中期形成的基础理论。美国数学家诺伯特・维纳（Norbert Wiener）的著作《控制论》的出版，标志着这一理论体系的正式确立。维纳在书中将控制论定义为“对动物和机器的通信和控制的科学”，从而为“控制论”这一跨学科领域奠定了基础。控制论的核心思想是围绕着系统的通信（信息传递）和控制（反馈机制）展开，包括如何从系统中提取信息、如何传播信息、如何处理和存储信息，以及如何有效地利用这些信息。控制论旨在理解和模拟系统功能和行为，以实现对系统的有效调节和控制，确保系统能稳定地实现其目标。

控制论特别强调反馈机制的作用，这种机制与系统理论存在一定的交织性，主要是指系统输出的一部分反馈到输入端，用以调整未来的输出，从而形成一个闭环控制系统。控制论对现代科学的发展具有重要的方法论意义，推动了跨学科的研究方法的形成，使信息科学、计算机科学、自动控制、生物医学工程等多个领域得到了融合与发展。控制论也可以应用在哲学和社会科学上，其为理解社会组织结构、社会控制机制，以及如何利用政策和规划来影响社会行为等问题提供了新的视角和工具。

3. 信息论

信息论是在系统通信的长期实践基础上，结合数学和统计学的方法系统化发展起来的一门科学，信息论于 20 世纪 40 年代由克劳德·香农（Claude Shannon）提出，主要研究信息的编码、存储、传输以及接收过程中的最优化问题，同时涉及信息的度量和处理技术，更广泛地探索了信息在各种通信系统中的有效传输和处理的一般规律。信息论的核心概念包括信息熵（度量信息的不确定性）、信道容量（信道最大传输速率的量度），以及与这些相关的编码和译码策略，这些理论提供了评估和优化通信系统性能的数学工具和方法。

信息熵是信息论中的一个基本概念，由香农首次提出，它的诞生为人们提供了一个量化信息量的方法，其本质上衡量的是信息的不确定性或随机性。在香农的理论中，更高的熵意味着信息的不确定性更大，因此需要更多的数据位来准确描述或传输该信息。信道容量则定义了在给定的物理通信信道和噪声条件下，能够传输的最大信息速率。除了熵和信道容量，信息论还深入探讨了编码和译码的策略，这些是通信系统设计中的核心部分。有效的编码策略可以减少由于信道噪声引起的错误，提高数据传输的可靠性。

随着信息技术的快速发展，信息论的原理和技术不断地被用于解决更加复杂的通信与数据处理问题，已经广泛应用于多个领域，包括电信、计算机网络、数据压缩、密码学、人工智能、语音识别和生物信息学等。信息论也为现代加密技术提供了理论基础，确保了数据传输的安全性和私密性。上述应用清楚地表明，信息论是理论研究的重要分支，是实际技术创新和发展的关键驱动力。随着技术的进步和多学科的融合，信息论的应用范围已经远远超越了最初香农定义的通信系统的框架，它现在被广泛应用于多种复杂系统的信息处理和分析中，如机器学习、生物信息学网络安全、遗传学、生态学乃至社会科学等广泛的领域，这些领域虽然与传统的电信领域有所不同，但同样面临着信息的有效提取和利用的问题。例如，在机器学习领域，信息论的概念如熵和互信息常被用来量化和优化模型中的信息增益，帮助改进算法的决策过程。如决策树算法中的特征选择常常基于信息增益来进行，这直接源于信息论的基本概念。在生物信息学领域中，信息论被用来分析和解释生物数据中的复杂模式，可以帮助研究人员量化遗传信息的传递，还能揭示生物体内部复杂的调控网络和信号传递路径。在社会科学领域中，信息论的方法被用于量化和分析社会网络中的信息流动和传播动态，以便人们更好地掌握网络动态，理解和分析信息在复杂网络中的传播过程和影响力分布。

信息论与控制论在表面上看似关系紧密，实际上它们各自关注的领域和核心问题有着明显的区别。信息论专注于信息本身的量化和传输过程。相比之下，控制论主要研究的是系统如何通过信息的流动和处理来达到控制的目的，重点在于系统整体的行为和反馈机制的作用，以及如何通过系统内部的信息流动和反馈来调节和控制系统的行为，以实现预定的目标。这种研究适用于各种系统，包括生命系统、工程系统、经济系统和社会系统等，其核心在于抽象层面的理解和方法论的建立，而不直接涉及信号本身的物理传输过程。而且，控制论更多地关注系统如何利用信息来维持和调整其状态，强调的是信息的功能性和系统性；而信息论则关注信息本身的属性，强调的是信息的传输效率和可靠性。在实际应用中，这两个理论虽然有所交叉，但各自的研究重点和应用领域有着明显的不同。例如，在自动控制系统中，控制论的方法可以用来设计系统的控制策略和反馈机制，而信息论的原理可以用来优化系统中信息传递的方式和效率。

4. 运筹学

运筹学作为一门综合性的应用数学分支，其目标在于通过科学的方法解决决策过程中的复杂问题，特别是在资源的最优分配和管理上发挥重要作用。运筹学充分运用数学模型、统计分析，以及算法设计等技术提高系统效率和效能。运筹学的研究内容涵盖广泛，从最初的军事策略分析和生产流程优化，发展到现在的金融工程、供应链管理、物流规划、风险管理等多个领域，甚至公共政策制定、环境管理、健康系统优化等社会科学领域也广泛应用运筹学的方法。在技术手段方面，运筹学依赖各种数学工具如线性规划、非线性规划、整数规划、队列论、决策树分析、网络分析等来形成决策支持系统，这些技术帮助决策者在给定的约束条件下寻求成本最小化或利润最大化的策略。整数规划则用于那些解答必须是整数的问题，例如，任务分配或调度问题，解决了其中工作或资源必须完整分配给特定的任务或项目的问题。

随着计算技术的发展，运筹学在处理大规模优化问题方面变得更加高效和实用，如现代算法和高性能计算可以实时处理复杂的优化问题，从而为航空管制、铁路调度等高要求领域提供决策支持。

二、智慧物流技术体系

（一）网格化技术

在智慧物流中，网格化技术扮演着至关重要的角色，它整合了各种先进的信息技术，尤其是工业互联网、工业物联网、4G/5G 移动通信、云计算、边缘计算及区块链等技术，实现了物流服务的高效联通和智能化管理，增强了物流系统的实时数据处理能力，大幅提高了系统的透明度和安全性。工业互联网和工业物联网是网格化技术的核心组成部分，它们通过将物流设备、传感器和系统相连，实现了数据的实时采集和交换，这种无缝连接确保了从原材料采购到产品交付整个供应链的每一个环节都能被监控和管理，极大地提高了物流效率和准确性。例如，企业通过实时监控库存和运输条件，可以即时响应市场变化，调整物流策略，优化资源分配。4G/5G 移动通信技术的应用使物流服务的响应速度和可靠性得到了显著提高，高速的数据传输能力保证了物流中心与运输车辆、仓库之间的通信没有延迟，确保了信息在整个物流网络中的快速流动。而且，5G 技术的低延迟特性对于自动驾驶运输车辆的实时遥控和监控尤为重要，为智慧物流领域带来了革命性的改变。云计算和边缘计算提供了强大的数据处理能力。云平台使企业能够在需要时迅速扩展其计算资源，使物流公司能够存储和分析海量的数据，从而更好地理解市场趋势和消费者需求；而边缘计算则允许在数据产生地近端进行数据处理，减少了数据传输时间和成本，提高了数据处理的效率和效率。区块链技术在智慧物流中的应用，提供了一种新的数据安全保障方式，其去中心化和不可篡改的特性使物流记录具有了透明度和可追溯性，这对于确保供应链中每一环节的真实性和安全性至关重要，特别是在跨国和高价值货物的运输中，区块链能够有效防止数据篡改和提供事务的可验证性。

（二）数字化技术

智慧物流中数字化技术的应用使物流活动的每一个环节都可以被精确地监测和控制，特别是带有标识、感知、识别、建模、虚拟仿真以及反求工程等功能的数字化技术，可以从根本上彻底改变物流行业的运作方式，显著提高整个物流系统的效率和响应速度，保证物流系统能够更加精确地处理和优化复杂的供应链问题。常用的标识技术有条形码和 RFID，这些技术是物流数字化的基础，其能够迅速且准确地识别物品，实现实时的货物跟踪和库存管理。通过自动识别设备，物流中心可以高效地进行入库和出库操作，极大地减少了人工错误和处理时间。感知技术的使用则涉及使用传感器和物联网设备收集关于货物状态和环境条件的数据，如帮助监控易腐货物的存储和运输条件的温湿度传感器。大批量的感知设备能够生成大量实时数据，为物流决策提供科学依据。识别技术与标识技术相辅相成，进一步扩展了标识技术的应用，在实现物理标识的基础上还实现了利用图像识别、生物识别等方式进行的高级识别，如通过面部识别技术确保仓库安全或处理特定客户需求，这使物流操作中的安全性和个性化服务水平得到提高。建模和虚拟仿真技术的应用允许物流管理者在进行物理操作之前，在数字环境中模拟和优化物流流程。这些技术可以用来设计仓库布局，优化货物流动路径，甚至在推出新的物流服务前进行风险评估和性能测试。这种高级模拟可以显著减少实际操作中的风险和成本。反求工程技术则用于通过已有的产品、系统或数据形成新的解决方案，这在物流领域意味着从客户反馈或操作数据中提取建议，用于改进供应链管理或客户服务流程。基于这些数字化技术，物流数字空间的概念逐渐成型，为物流的自动化和智慧化提供了坚实的基础，使整个供应链更加透明、高效和可靠。

（三）智能化技术

在智慧物流中，智能化技术是推动物流行业革新的关键力量，通过集成大数据分析、机器学习、机器人技术、知识图谱以及先进的优化与决策算法，智慧物流在实现自动化的基础上还被赋予了物流系统前所未有的智能决策能力。大数据技术在智慧物流中的应用是基础且关键的，其通过分析来自全球的物流数据，包括货物流动、交货时间、客户反馈以及市场动态等，帮助物流公司预测市场趋势，优化库存管理，减少运输延误，并提高客户满意度。这种数据驱动的方法能显著地提高物流决策的精确性和效率。机器学习则是智慧物流中实现自我优化和自动调整的核心技术，它使物流系统能从历史数据中学习，并不断调整其操作模式以适应新的环境或需求变化。例如，机器学习模型可以用于预测货物的最佳运输路径，或者在突发事件如交通拥堵或天气变化时，实时调整路线以保证运输效率。机器人技术在智慧物流领域的应用也日益广泛，特别是在自动化仓库管理系统中，机器人能够进行货物搬运、分拣、打包和装载，极大地提高了仓库操作的速度和精度。知识图谱可以用来存储和访问关于产品、供应商、客户及物流网络的详细信息，为物流系统提供了一个全面的数据框架，用于关联各种信息和知识，帮助系统更好地理解和处理复杂问题，更重要的是，确保每一次决策都能依托一个广泛且准确的知识基础。优化与决策技术通过算法和模型，能够处理如路径选择、货物装载优化和调度问题等复杂的逻辑和数学问题，确保物流资源被有效利用，是智慧物流系统能够在各种情境下作出最佳选择的保证。这些智能化技术的集成使智慧物流系统具备了执行基本任务的能力，甚至能够进行复杂的推理判断和自主决策，解决在传统物流操作中难以克服的问题。基于这种高效、智能化的方式，智慧物流可以提高操作效率和整个供应链的协同性与响应速度，为企业和消费者创造更大的价值。

三、智慧物流系统整体框架

（一）机械化物流系统框架

在早期的物流系统中，由于缺乏高度的自动化和信息技术支持，人的角色至关重要，他们除负责操作简单的机械物流设备之外，还须依靠自身的感知和认知能力来处理复杂的物流任务。这种物流系统也被称为机械化物流系统，其效率相对较低，错误率较高，对人的依赖性较大。机械化物流系统框架如图1–2所示。

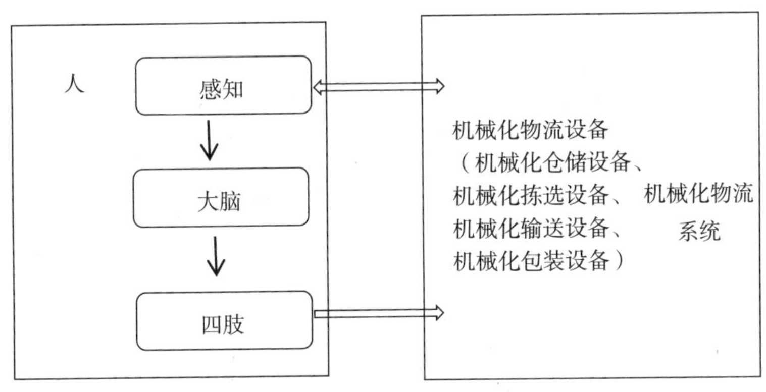

图1–2　机械化物流系统框架

在机械化物流系统中，物流装备通常是机械性的简单设备，如叉车、输送带和货架等，由于技术限制，这些设备缺乏高级的数据处理能力，无法进行复杂的操作或自我优化，主要功能是物理移动和存储货物。因此，物流系统的效能在很大程度上取决于操作人员的技能和经验。在仓库管理中，工作人员需要通过肉眼观察货物标签来识别和分类货物，然后人工搬运到指定位置。在车间和港口等环境中，物流任务的复杂性增加，如货物的装卸、排序和运输，都需要人工进行精细操作和决策。随着时间的推移，传统物流系统逐渐暴露出其局限性，如人工操作的低效率和高误差率导致物流成本增加，而工人的体力劳动也限制了物流作业的连续性和可持续性。而且，随着经济的发展和市场需求的增加，传统物流系统更难以应对大规模和高效率的物流需求。为了应对这些挑战，现代物流系统开始融入更多的自动化技术和信息技术。

（二）自动化物流系统框架

随着自动化控制技术的不断进步，传统物流通过整合先进的自动化技术和升级设备，形成带有自动化特性的现代物流系统。这种系统无论是在设计上还是在应用上，都已经与传统物流系统有了根本的区别，极大地提高了物流操作的效率和准确性。自动化物流系统框架如图 1–3 所示。

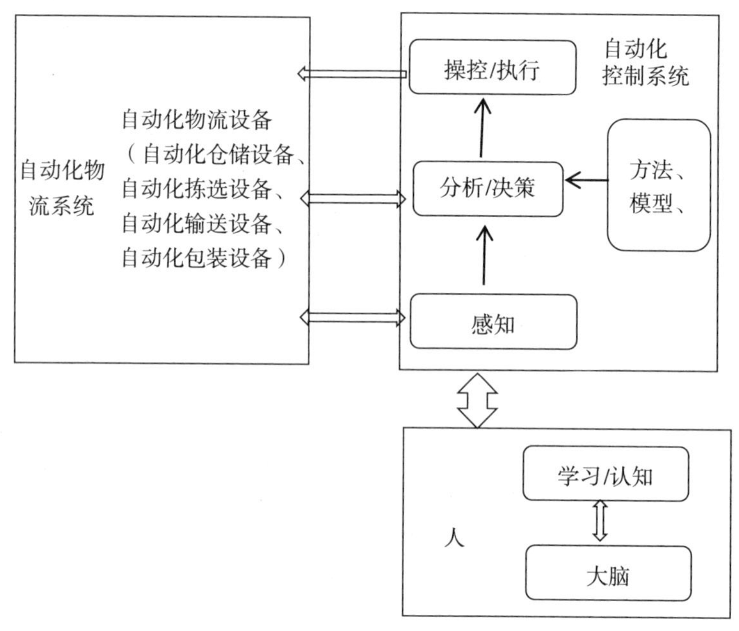

图 1–3　自动化物流系统框架

自动化物流系统的自动化特性主要体现在运用自动化设备去执行搬运、分拣、包装、存储和检索等进行多种物流任务，从而大幅度降低人工成本和操作错误率。例如，使用自动识别系统（如条形码和 RFID 扫描器）可以快速准确地识别货物信息，从而实现高效的库存管理和货物追踪；自动检测系统能够监测货物的状态和质量，确保物流过程中的产品质量符合标准；自动分拣系统利用机器视觉和传感器技术，可以准确地对货物进行分类，提高分拣速度和准确度；自动存取系统则能够自动地存储和检索货物，优化仓库空间使用，提高仓储效率；自动跟踪系统整合了全球定位和网络技术，能够实时监控货物的位置和状态，为物流管理提供强有力的数据支持。自动化物流系统的应用增加了物流作业的透明度以及供应链的可靠性和响应速度，带来了作业的灵活性，无须大规模的人工干预，只需要通过编程和配置就可以轻松适应不同的作业需求和变化的市场条件。这种灵活性使物流系统能够有效应对季节性波动、市场趋势变化或紧急订单需求。

自动化物流系统的引入和发展标志着工业应用领域中一次根本性的改变，复杂的控制系统取代了传统的人工操作，实现了从简单的物理搬运到高度复杂的物流任务的自动化。自动化仓库、车间和港口等场景的操作效率得到显著提高，人为错误和劳动成本有所减少，整个物流过程的可预测性和可靠性显著增强。自动化物流系统的核心是高度先进的控制系统，这些控制系统集成了复杂的算法、模型和规则库，使系统能够自动执行感知、分析和决策过程。需要注意的是，虽然自动化系统在整个物流系统的操作中起到了决定性的作用，但人类的角色并没有被边缘化，相反，人类专家在系统的设计和维护中扮演着至关重要的角色。例如，自动化系统中所采用的模型、方法和规则库是基于人类的知识和经验构建的；人类作为系统设计者需要理解物流作业的复杂性和多变性，将这些理解转化为系统的设计和操作逻辑；自动化物流系统的调整和优化过程需要人类专家进行监督、评估和更新，确保系统的性能始终保持在最优状态。因此，尽管自动化技术在物流系统中的应用极大地提高了物流工作效率和准确性，但是人类的作用仍然是不可或缺的。这种人机协同的工作模式，既利用了机器的高效率和精确性，又发挥了人类在创造性思维、决策制定和系统优化中的独特优势，共同推动了物流系统的持续发展和创新。

（三）信息化物流系统框架

随着信息技术的飞速发展，物流系统同样得到了信息技术的加持，从传统的 HPS（Human-Physical Systen，人－物理系统）升级为 HCPS（Human-Cyber-Physical Systen，人－信息－物理系统），其中，信息系统的融合不仅是技术上的一次跃进，还是工业运作方式的一次根本变革，HCPS 通过信息系统的集成显著提高了整个系统的智能化水平和操作效率。HPS 与 HCPS 的基本原理如图 1-4、图 1-5 所示。

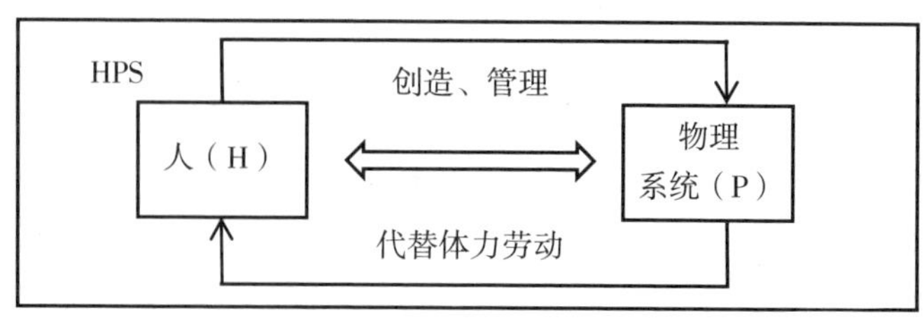

图 1-4　HPS 的基本原理

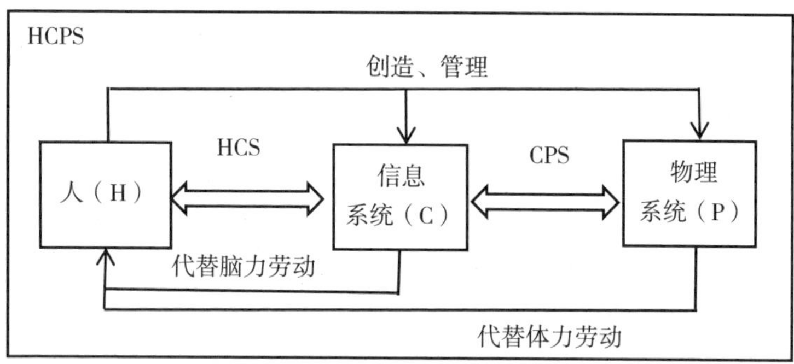

图 1-5　HCPS 的基本原理

在 HCPS 中，信息系统不仅承担了处理数据的重任，更重要的是它们实时分析了这些数据，提供快速决策支持。信息系统还可以根据市场需求的变化自动调整生产计划，优化资源配置，从而实现更高的生产灵活性和效率。在 HCPS 中，人的角色也发生了转变，从基本的操作者转变为高等级的创造者和管理者。人类专家负责设计和优化信息系统和物理系统的交互过程，确保系统的整体效能，还负责对信息系统进行持续的学习和改进，引入新的算法和技术，以适应外部环境的变化和系统内部的需求。这种角色的转变反映了人类在智能化时代的新定位——不再直接介入每一个操作步骤，而是从更宏观的角度监控和优化系统运行。从物理层面上看，HCPS 中的物理系统包括各种自动化机器人、传感器网络和执行器等，这些设备和技术的运用大大减少了对人力的依赖，提高了工作效率。HCPS 的架构使复杂的制造和物流操作可以更加智能和自动化。例如，在一个智能物流系统中，信息系统能够根据实时数据分析物流需求，自动调度最合适的运输路径和方式，同时，通过物理系统执行具体的搬运和分拣作业。这种集成方式提高了物流效率，降低了运营成本，提高了客户满意度。

知识库是HCPS中信息系统的核心组成部分，是静态的数据集合，也是一个动态发展、自我学习和适应的系统。知识库使得HCPS不仅能够执行复杂的操作和决策，还能不断地从操作经验中学习，优化其性能和决策精度。HCPS实际上拥有一种接近真实人工智能的能力，能够处理大量复杂且多变的情况。知识库的构建和维护是一个连续的过程，它涵盖了从简单的数据输入到复杂的机器学习和人工智能算法的应用。这些知识规则不仅基于人类专家的输入（如行业最佳实践、历史操作数据和经验教训），还包括由系统自动学习生成的新规则和模式，特别是在处理那些高度复杂或非线性问题时，机器学习模型能够发现人类难以直接觉察的规律。

（四）智慧物流系统框架

智慧物流系统代表了物流行业发展的更高层次，是技术高级整合和智能化转型新方向的真实体现，这种融合了大数据、人工智能、物联网、自动化技术等多种新一代信息技术的系统，提高了物流操作的效率、准确性和可预测性。

在智慧物流系统框架中，物理系统由先进的智慧化物流设备构成，这些设备主要集中在智能仓库、智能车间以及智慧港口等关键场景，承担着从拣选、运输到装卸等各种物流任务。这些智能化的物理组件大幅减少了物流作业过程中对人的体力劳动方面的需求，提高了作业效率和准确性，同时降低了操作过程中的人为错误。而信息系统作为智慧物流的大脑，在大数据和人工智能技术的支持下，实现了对物理系统的智能感知。这一系统能够实时收集和处理来自物流前线的数据，还能通过智能认知和学习功能，不断构建和优化物流作业的模型与方法。特别是规则库的存在，使信息系统能够对物流操作进行智能分析、调度、决策和控制，提高了物流系统的自主运行能力。更进一步，信息系统还能够通过对现实物流作业的连续学习和数字化推演，实现物理世界与数字虚拟世界的有效结合，这种结合加深了系统对物流作业规律的理解，使其能够提前识别和应对可能出现的风险和不确定性。这种由智能的物理系统和先进的信息系统共同构成的智慧物流系统框架，显著地提高了物流作业的效率和智能化水平，为物流行业带来了前所未有的灵活性和适应能力。

在智慧物流系统中，人的角色绝非被边缘化，而是在系统运行和优化中发挥着关键作用。一方面，人利用自己的认知、学习、分析决策与控制执行能力，为智能物流设备提供必要的操作指导和维护支持，优化物流操作流程。另一方面，人与信息系统之间的互动也是智慧物流系统成功运作的关键。将人的知识、模型、方法和规则输入信息系统，可以提高系统决策精度。而信息系统通过机器学习和数据分析得到的新知识和规则可以反馈给人类，使操作人员或系统设计师能够根据这些信息进一步优化物流策略和流程。这种双向学习和知识共享机制加速了智慧物流系统的自我完善和进化，也提高了人们对系统行为的理解和控制能力。

物联网和云平台的引入，则为这种人机和机器间的智能交互提供了强有力的技术支持。通过物联网技术，智慧物流系统中的各种传感器、设备和机器人等物理元素能够实时收集和传输数据，实现设备状态的持续监测和管理；云平台则提供了强大的数据处理和存储能力，使得不同来源的大量数据可以被集中处理、分析和共享。这些技术的结合不仅提高了数据处理的效率和准确性，也使整个物流作业过程更加透明化和可控。在这种技术环境下，智慧物流系统能够实现更高效的智能协同交互，使人、信息系统和物理系统之间的协作更加紧密和无缝，不仅优化了资源配置，而且提高了系统对市场变化的响应速度和服务质量。因此，智慧物流系统中的物理系统、信息系统和人三者的协同工作，加上物联网和云平台的技术支持，共同构成了一个高度集成、智能互联的智慧物流操作网络，进而实现了物流操作的高度自动化和智能化，确保了系统的可持续发展和自我优化能力。

第二章　智慧物流与智慧城市建设的关系

第一节　智慧城市概述

一、智慧城市的诞生背景

（一）城市发展需求

城市是人类活动的集中地、文明进步的见证者，也是现代化挑战的前沿。随着城市化进程的加速，城市也将向数字化、智慧化发展，在此过程中，城市发展也将面临诸多问题，主要体现在以下几个方面。

1. 人口问题

人口在城市发展中始终占据着核心地位。城市的发展会吸引越来越多的农村居民迁入城市，以寻找更加丰富的教育和就业机会，这使城市的人口结构发生了显著变化，而这种快速的人口增长给城市的各种资源带来了不小的压力。为了应对由人口增长引发的问题，城市规划者需要采取一系列紧急措施，包括改善和扩建基础设施、增加住房供应量、改革社会福利体系和优化公共服务分配。同时，鼓励和实施可持续发展战略，推广绿色建筑、改善公共交通系统，以减少环境压力并提高人们的生活质量。只有通过这些综合措施，城市才能有效地应对人口增长带来的挑战，确保城市环境的健康和居民的生活质量。

2. 交通问题

交通问题对于城市发展来说，是一个重要挑战，尤其是在大城市中，表现得尤为明显。例如，私家车数量激增导致城市的道路网络已难以承受日益增长的交通压力。持续的交通拥堵导致了时间和能源的浪费，对空气质量造成了严重的影响，对城市居民的身体健康也造成了一定的影响。交通拥堵还会引发噪声污染，影响市民的日常生活和工作效率。交通拥堵若时间过长，还可能影响急救车辆和消防车的及时到达，对城市的应急响应能力构成挑战。为了解决这些问题，城市管理者已经开始探索更加多样化的解决方案：一些城市投资智能交通管理系统，利用高科技手段（如实时交通数据分析和人工智能）来优化信号灯控制和交通流动，从而减少拥堵和等待时间；还有一些城市通过建设地铁和轻轨来吸引更多的市民减少私家车的使用等。

3. 环境污染

随着城市化步伐的加快，环境污染问题变得日益严重，而快速的城市扩展和连续的建筑活动不断地扰乱原有的自然环境，最终导致土地退化、水体污染和生物多样性的减少。为了应对这些挑战，城市需要采取一系列创新和系统的环保措施，如推动工业升级、实施更严格的排放标准、鼓励企业使用环保技术和清洁能源。同时，城市规划者应更广泛地推广绿色建筑的概念，如倡导利用能源效率高的建筑材料、安装太阳能板和绿色屋顶、设计更多的绿色空间，以提高城市的生态质量和居民的生活质量。此外，城市管理者还可以举办环保活动，增强市民对环保问题的意识并提高参与度，并鼓励他们在日常生活中采取环保行动。

4. 资源浪费

城市中的不良消费生活方式和效率低下的资源利用模式导致了大量资源的浪费，这不仅耗费了宝贵的自然资源，还加重了环境污染，造成了生态破坏。因此，推动循环经济的发展成了解决这一问题的关键路径。循环经济的核心在于最大限度地利用资源并减少废物，这需要优化从生产、消费到废物处理的每一个环节。城市政策制定者可以制定更严格的建筑标准来推广绿色建筑，推广使用可回收和可再利用的材料。同时，实施更高效的水和能源使用政策，如建议使用节水装置和能效高的家电产品，显著减少对自然资源的依赖。除此之外，可以举办公共活动来加强市民的资源节约意识，使他们能在日常生活中更加节约。

（二）技术发展需求

在城市化发展进程中，信息技术更新换代的速度也在稳步提高。这些技术的发展促使城市不断向数字化方向转变，特别是物联网、移动宽带、云计算等数字技术的应用，不仅推动了经济的全球化发展，还深刻地影响了城市的基础设施、治理结构以及居民的生活方式。这些信息技术的使用为城市管理和运行优化提供了新的手段和视角，使城市更具适应性和可持续性。因此可以说，信息技术的发展正在从根本上重新塑造城市未来。

这些新兴技术进行融合还催生了一个全新的城市空间概念——城市三度空间，即物理空间、人类活动构成的社会空间以及网络空间。这是一个全面理解和管理城市的新框架：物理空间包含了城市的所有物理结构，如建筑物、交通系统、公共设施等；社会空间则涉及人类的社会行为、文化活动和社交互动；网络空间是指数据和信息流通的虚拟环境。这三个空间的交互和融合，使城市成为一个复杂但富有活力的系统，所以，需要高度智能化的管理来应对日益复杂的挑战。在这个系统中，每一个决策和改变都需要综合考虑各个空间的特点和需求，以达到最优的城市运行效率，保证居民的生活质量，在这种背景下，智慧城市的概念应运而生。智慧城市拥有先进的信息技术，集成城市运行的各种信息，通过数据分析和智能算法优化城市管理和服务。

智慧城市可以正确应对城市化过程中出现的种种挑战，如交通拥堵、环境污染和资源分配不均等，帮助城市规划者进行更精确的规划和管理。例如，利用大数据分析可以预测交通流量，优化信号灯系统和公共交通调度，减少拥堵和减少碳排放；智能传感器可以监测空气质量和水资源的状态，及时调整相关政策和措施，以保护环境和确保居民健康。与此同时，城市的社会空间也在发生变化，远程工作和在线教育的普及使传统的工作和学习模式不断被重新定义，改变了人们对物理空间的需求，而新的社会互动和社区服务的模式的出现，为居民提供了更多样化和灵活的居住和工作空间。

二、智慧城市的基本概念

（一）智慧城市的定义

2008 年，IBM 公司首席执行官提出了“智慧地球”这一新概念，此概念除了关注技术本身，还强调利用技术来改善城市管理、公共服务及其基础设施。“智慧地球”提出后，全球许多城市也开始探索如何将这些技术集成到城市规划和管理中，使城市更加智能和互联。因为，提高基础设施的智能化水平可以有效提高城市管理的效率，还能推动经济结构的优化升级。2009 年，美国艾奥瓦州的迪比克市与 IBM 公司展开深度合作，致力将传统的城市基础设施转变为高度智能化的网络，借助传感器、云计算和大数据分析等技术，对从水电气供应到交通管理进行全方位升级，实现了对城市运行各方面的实时监控和管理，成为实践“智慧城市”理念的先锋。数字技术可以对城市各部分的数据进行集中处理和智能分析，能够更精准地理解城市的运行状态，预测未来发展趋势，为制定相关政策提供依据。例如，智能交通系统能够根据实时交通数据调整信号灯，优化交通流，减少拥堵；智能电网系统能在用电需求高峰前自动调节电力分配，提高能源使用效率；智能照明和温控系统可以使居民享受更舒适的居住环境，同时减少能源浪费。智慧城市还能提供更精准的公共服务，如通过分析大数据来优化公交车路线和时间表，使公共交通更加高效便捷，提高城市服务的质量和效率。打造智慧城市正逐渐成为全球城市发展的重要趋势，因为其能够促进经济发展，还能提高城市居民的生活质量，实现可持续发展。

到底什么是智慧城市呢？从字面意思上讲，所谓的智慧城市等于“智慧”的城市，即为城市赋予“智慧”，这种“智慧”来源于先进的、智能化的信息技术（主要是人工智能）与人类的洞察力、远见和智慧有效结合的结果。在这种定义下，智慧城市不仅是城市“智慧”技术的集合，更是技术与人类智慧的融合，因为智慧城市拥有多种智能化手段，可以推动城市管理和服务的革新，提高城市的管理效率和居民的生活质量，从而达到经济、社会和环境的全面可持续发展。

智慧城市的概念随着技术的进步和城市需求的变化不断发展，有广义和狭义之分。从狭义上讲，智慧城市的核心是物联网技术。高度集成的物联网技术应用提高了城市服务的效率，推动了智慧产业的发展，如智能交通系统、智能建筑和智能能源管理等，都是这一概念的具体体现。依托设备的互联互通，城市的各个部分可以像一个有机体一样协调运作，这种定义下的智慧城市能够通过实时数据的收集和分析，更精确地预测和解决城市运营中的问题，实现资源的最优配置和使用。从广义上讲，智慧城市的视角更为宏观，涵盖了城市的所有方面，从基础设施到公共服务，从经济活动到居民生活。广义上的智慧城市不仅是技术的应用，更是一种全面的城市发展战略，可以提高城市的整体运行效率和居民的生活质量。广义上的智慧城市强调信息技术的综合应用，使城市具备感知、认知、学习和创新的能力，从而能够自主地作出调整，实现更科学的发展和更高效的管理。

由于智慧城市涉及面广泛，目前并没有一个统一的定义，我们可以基于上述内容得出一个智慧城市的定义，即智慧城市是一个信息技术和城市管理深度融合的融合体，强调应用先进信息技术服务于城市的可持续发展、民生需求和城乡一体化，通过数字化和信息化管理城市的各种系统和资源，从而实现更高效、灵活的城市治理和公共服务。

智慧城市是一种技术革新，更是对未来城市生活方式的一种深刻变革，它集成了来自各种传感器和数据源的信息，利用大数据分析和云计算等技术，不断分析和优化城市管理的各个方面，创造一个更加高效、安全、可持续和宜居的环境。例如，在交通管理方面，智慧城市可以实时分析道路交通流量，通过调整信号灯的运行或提供实时交通信息来缓解交通拥堵；在公共安全方面，智慧城市通过视频监控和数据分析可以更快地响应紧急情况，提高应急管理的效率；在环境保护方面，智慧城市通过智能电网保障电力供应，或通过智能水务系统优化水资源的使用，以确保城市能够更有效地使用资源，同时降低环境污染，推动城市的绿色发展。智慧城市还强调利用创新技术来提高城市管理的透明度和居民的参与度，居民可以通过智能应用，更方便地获取公共信息和服务，提高自己的生活质量，如使用智能健康管理系统得到定制化的健康建议，或使用智能教育系统得到更加个性化的学习体验。

（二）智慧城市的内涵

1. 以技术为基石

“智慧地球”的提出，为城市建设带来新的出路，先进信息技术及其应用更成为推动城市向“智慧”方向发展的关键。在这种背景下，智慧城市的概念应运而生，其为城市未来发展提供新模式的同时，也带动了物联网等新兴产业的发展，成为全球主要经济体应对经济挑战、扩大就业和占据科技前沿的重要途径。

智慧城市的建设依赖一系列新兴的先进信息技术，尤其是物联网、云计算、大数据和移动互联网等，通过对这些技术的综合应用，智慧城市能够实现数据的高效计算、传输和处理，从而促进城市管理和服务的智能化升级。例如，物联网技术能使城市交通灯、监控摄像头等基础设施和公共交通系统实现互联互通，云计算提供了强大的数据处理能力，大数据技术则帮助城市管理者洞察复杂的城市运行模式并作出更精准的决策，移动互联网为城市管理者提供了强大的交互平台。智慧城市的发展还促进了微电子、计算机、网络通信和软件等技术的融合和创新，提高了城市的智能化水平，从感知到互联，从数据处理到智能决策，技术的每一次进步都为智慧城市的建设添加了新的维度。这种泛在的连接和普适计算的实现，不仅提高了城市的运行效率，还提高了居民的生活质量和城市的可持续发展能力。

2. 以人为核心

（1）人在智慧城市建设中的作用

在智慧城市建设中，人的作用是不可替代的，人是整个智慧城市发展的灵魂和精髓。从本质上讲，智慧城市的概念就是人的洞察力、远见和智慧与先进信息技术的结合和高度应用，进而形成的一个高效、可持续的城市管理和服务系统。

智慧城市中人的作用主要体现在以下几个方面：首先，人的智慧在智慧城市中起着核心的引领作用。虽然信息技术提供了处理大数据、优化城市运营的能力，但最终的决策仍然需要依赖人的判断，这是因为机器和算法虽然能够执行复杂的计算和模式识别，但它们缺乏对人类社会复杂性的深刻理解和道德判断。例如，在城市规划和危机管理中，机器可以提供数据支持和预测模型，但如何平衡不同群体的利益、如何响应紧急情况的道德和社会维度，仍然需要人来决策。其次，人的智慧能够使信息技术的应用更加人性化和符合地方特色。智慧城市的目的并不是技术的堆砌，而是要满足城市居民的实际需要，提高城市居民的生活质量。不同的人群对技术的需求和使用方式各不相同，这就要求智慧城市的设计和实施能够灵活适应拥有不同文化、经济和社会背景的人群，而人的智慧在这中间便发挥着调节和创新的作用，只有深入理解不同人群的需求和生活习惯才能设计出更加贴心和有效的智能服务。再次，智慧城市的可持续发展也离不开人这个主体。在环境保护、资源管理等方面，技术可以提供解决方案，但如何实现长远的、全面的可持续发展战略，需要人来综合考虑经济、社会、文化和生态各方面的因素。人的智慧帮助人们权衡利弊，寻找最佳的发展路径。最后，智慧城市的目标是借助技术加强人的能力，而不是替代人的智慧，信息技术的智能化使城市管理更加高效，而人们则确保这些技术得以正确、有效、合理的应用，这种人与技术的共生关系，是技术上的融合，更是一种智慧上的互补，是实现真正智慧城市的关键。

（2）以人为核心的理念的智慧城市中的应用

人的智慧在智慧城市建设中的重要性除了体现在技术应用上，还体现在智慧城市的“以人为核心”的理念中。这一理念强调智慧城市的建设和发展必须围绕人的需求，促进居民的幸福感和生活质量的提高。智慧城市“以人为核心”的理念主要体现在以下几个方面：首先，智慧城市利用先进的信息技术和科学的城市治理，能够为居民创造更加便捷、舒适的工作、生活和居住环境，从而促进个人的自我实现和全面发展。其次，智慧城市通过提供优质的生态环境、丰富的人文氛围、先进的科技支持和灵活的融资机制，吸引和培养各领域的人才，并在实现人才成长和职业发展的同时为城市带来创意和动力，推动城市经济的繁荣和社会的进步。在这个过程中，人的聪明才智得到了尊重和发挥，人的悟性、认知和实践能力也在不断面临的挑战和机遇中得到提高。最后，智慧城市的建设还增加了居民参与城市治理的机会，增强了居民对城市发展的归属感和满意度。例如，居民可以通过智能平台参与城市规划过程，这种参与提高了治理的透明度和效率，让居民能够更好地了解和利用城市资源，实现个人价值和社会责任的双重提升。因此，智慧城市的发展不仅是技术和设施的更新，更是一种以人的需求为核心的社会进步。在这样的城市中，人的智慧得到了充分的利用，共同推动城市向更智能、更人性化的方向发展，最终智慧城市也会成为促进人的全面发展和社会和谐的重要平台。

3. 以经济、社会和环境全面发展为目标

智慧城市发展的根本目标是实现经济、社会和环境的全面可持续发展，强调技术的先进性，更重要的是强调如何让技术促进城市的整体发展。因此，信息技术在智慧城市中的作用不应仅限于其技术特性本身，而是应通过构建和运用有效的信息网络，支持和增强城市的经济、政治、社会和文化发展。在智慧城市的建设过程中，建设重点应放在解决城市自身的核心发展问题上，如交通拥堵、环境污染、能源消耗、社会服务不足等，而通过应用智能技术，可以提高城市管理的效率、优化资源配置、改善居民生活质量，从而推动经济的持续增长和社会的全面进步。

由于不同国家和城市的发展背景、文化、经济状况及政策导向不同，智慧城市的发展重点和实现路径也会有所不同，一些城市可能更注重环境保护和绿色建设，而另一些城市则可能聚焦于社会福利和居民服务的提升。无论重点领域如何，智慧城市的核心目标都是利用科技促进城市的可持续发展，使城市成为一个更理想的居住地。

智慧城市的建设也强调包容性和可访问性，即智慧城市的服务和解决方案应为所有居民考虑，无论居民的经济状况如何，都应享受到智慧城市带来的便利，这也是以人为核心理念的进一步体现。智慧城市通过整合和应用先进的信息技术创造了一个环境友好、经济活跃、社会包容的居住环境，帮助人们更好地理解和管理城市运作，实现人与自然的和谐共存，为未来的城市生活提供一个更加智能、可持续和人性化的发展模式。

4. 以突破传统为创新根本

智慧城市的建设是对传统城市发展模式的一次突破和超越，更是一种全面的组织、管理和运行方式的根本变革，涉及城市的每一个层面，智慧城市通过系统性的城市创新，将城市从一个传统的管理模式转变为一个智能化、互联互通的复杂系统。想要实现智慧城市的建设需要从城市的现状出发，考虑其特定的社会、经济和环境条件，深入分析城市的现有资源和问题，确定哪些领域最需要改进，并选择最合适的技术和策略来应对这些挑战。这一系列举动也意味着每一个城市在成为智慧城市的过程中都有其独特的起点和路径，具体路径如图 2-1 所示。

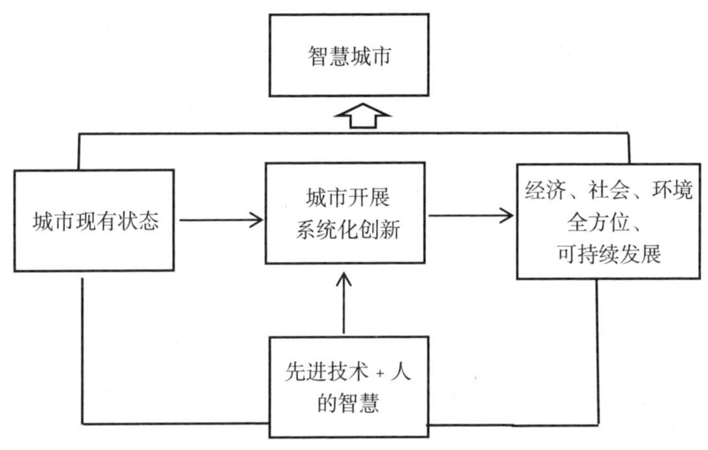

图 2-1　智慧城市突破传统的具体路径

从技术层面上看，智慧城市依托大数据、物联网、云计算等先进的信息技术，这些技术能够有效地集成和处理城市运行中产生的大量数据，为城市管理和服务提供支持。然而，技术只是手段，更重要的是如何将这些技术与人的智慧结合起来，实现技术的人性化和社会化应用。智慧城市的谋划也需要考虑到多方面的协作与配合，城市的各个部门，如交通、医疗、教育、公安等，都需要依托智慧城市的平台实现数据的共享和业务的协同。智慧城市的建设是一个持续的过程，涉及城市的不断学习和适应，城市需要根据新的需求和技术的发展不断调整和优化其智慧城市的策略和框架，这种系统性的创新不仅是一次性的技术升级，更是一种长期的、持续的努力，旨在通过智能化的手段实现城市的可持续发展，最终将城市打造成人类理想的居住地。这样的全面系统性创新可以使智慧城市真正实现传统的突破，成为未来城市发展的典范。

（三）智慧城市的特点

从智慧城市的概念和内涵上看，建立和完善智慧城市不仅是技术上的革新，更是城市生活方式和管理模式的全面转型，以确保城市能够在不同情境下根据环境变化和居民需求，灵活调整其服务和管理策略。这种调控能力基于严密的数据分析以及城市管理者和智能系统的即时决策，这就意味着不同的信息系统和服务平台要能够在一个统一的框架下互联互通，实现数据共享和业务协作，这样才能提高城市服务的效率，增强城市应对复杂问题的能力。因此，智慧城市的建设和发展需要综合利用各类信息技术和产品，强调“数字化、智能化、网络化、互动化、协同化、融合化”，通过对城市内的人与物及其行为的全面感知和互联互通，提高城市运行的效率和效益，构建一个高效、可持续、宜居的生活环境。智慧城市有以下几个特点。

1. 全方位的感知

智慧城市中布置了大量的传感设备，这些设备充当了城市的“感觉器官”，帮助城市实现全面而透彻的感知。尤其是对环境、状态和位置等信息进行智能识别和立体感知，全方位地监测和记录周边环境的一切变化，及时应对可能出现的异常情况。城市中的传感系统和自动监测设施既充当了城市的“眼睛”和“耳朵”，还负责收集信息数据。这些收集到的信息数据被互联网实时上传并存储在城市构建的庞大基础数据库中，形成了涵盖重大基础设施监测信息、治安与道路实时监测信息等多种信息的应用数据库，为城市管理奠定了坚实的基础。

智慧城市利用这种高度发展的感知技术和广泛建立的数据库系统，实现了对各种动态和静态信息的全面掌握和深入分析，确保了城市运营的高效和谐，提高了居民的生活质量，同时为未来可能的挑战提供了坚实的技术和信息支持。

2. 互联互通

智慧城市的建设离不开物联网和互联网，两者的整合推动了城市内部物与物、人与物、人与人之间的全面互联和互动，极大地提高了城市作为一个自适应系统的功能，是智慧城市实现全面发展的关键一步。互联网最显著的特征就是泛在互联，有线网络和无线网络技术的快速发展和广泛应用，为城市提供了实时、全面的网络覆盖，使信息和服务能够随时随地、按需提供，这种广泛的网络覆盖，使城市的各个部分，如街道、建筑、交通系统、公共设施等，都能实时连接起来，从根本上增强了智慧城市的“神经网络”功能。智慧城市正是基于这种“神经网络”的连接，实现了即时和全面的信息获取和反馈，为智慧服务的实现创造了条件。例如，智能交通系统可以实时监控和调整交通流，减少拥堵；智能能源管理系统可以优化能源分配和使用，提高能源效率。物联网技术在这一过程中广泛部署在城市中的信息传感设备，使几乎所有的物体都能够被识别、定位、跟踪、监控和管理。物联网技术不仅限于简单的数据收集，还通过智能化的分析和应用，提高城市管理的智能化水平，使城市能够以更加智能的方式运行，城市管理者也能够更有效地管理和利用城市资源。

当物联网与互联网完全整合时，形成了一个无缝连接的网络体系，所有数据和信息都能够在这个体系中自由地流动和交互。这种技术的融合极大地提高了信息处理和资源整合的能力，为城市的可持续发展提供了强大的技术支持。因此，物联网与互联网的完全整合不仅是技术上的创新，还是一种新的城市发展模式，标志着城市进入了一个全新的、智能化的时代。

3. 信息的安全传递与共享

在智慧城市的框架中，信息的传递是确保城市系统有效运行的关键，但传递信息的过程中涉及信息的实时、准确传输以及信息安全和隐私保护等重要问题。智慧城市通过广泛的网络联结，包括移动互联网、电信网、互联网和物联网的融合，形成了一个泛在化的网络承载系统，能够安全可靠地处理和传递各种采集信息和控制信息。

信息的安全传递离不开智慧城市中的“广泛联结”功能，它如同城市的经络，连接城市的各个部分，保证信息在城市的各个系统间顺畅传递。这种广泛联结确保了从交通管理到公共安全、从环境监控到公共服务等多个方面的系统都能够接收和响应外界信息。例如，交通管理系统能够实时接收车辆和路况信息，快速调整信号灯控制或者路线规划，以减少交通拥堵并提高效率。智慧城市中信息传递的可靠性还依赖先进的加密技术和严格的安全协议，这些技术和协议保护信息在传输过程中不被非法截取或篡改，确保信息的完整性和保密性。例如，通过使用最新的加密技术，智慧城市可以安全地处理个人数据，防止这些信息被泄露或被不当使用。信息的可靠传递增强了居民对建设智慧城市的信心。有了居民的支持，智慧城市才能够更好地响应居民需求，提供更安全、更便捷、更智能的城市生活，推动社会向更高效、更可持续的方向发展。

信息的“交换共享”是智慧城市能够高效运作的另一个关键支点，通过建立完善的管理体制和技术平台，如身份认证系统、数据交换目录、结算清算机制和信用评估系统，智慧城市能够确保信息在不同部门和机构之间的安全流通和高效使用。这种系统化的信息共享机制不仅提高了信息利用效率，还增强了城市管理的透明度和公众的信任。

4. 智能融合

随着现代城市的扩张和管理需求的增加，城市每天都会生成大量的数据，这些数据的收集、分析、处理直接关乎智慧城市的繁荣发展，所以智慧城市利用集中计算和智能处理能力、综合运用先进信息技术，以及关联应用的创新，共同构建一个高效、灵活且响应迅速的城市管理和服务系统。智慧城市的智能融合的核心在于对海量的城市数据的智能处理，它利用云计算、数据挖掘和智能识别等技术，使数据能被快速、集中地处理，还能被用来进行深入的分析，从而实现精确的管理和控制。

智慧城市的智能融合还体现在技术的融合与发展，尤其是“云”与“端”的结合上，其从根本上改变了通信和计算的方式，推动了个人制造和服务的创新，使智能设备和服务能够随时随地地满足个人的需求，增强了个人的参与感和用户的体验感。例如，居民可以应用智能手机直接访问城市服务，进行预约医疗服务、参与公共决策等操作。此外，智慧城市的智能融合还在互联互通网络、数据交换和共享的基础上构建了公共管理与服务平台。这种平台能够提供整合式的协同服务，优化资源配置，提高响应效率，并通过创新的管理服务手段和应用模式，推动城市运营达到理想状态。

5. 人性化管理与服务

在智慧城市的发展中，人性化管理与服务是核心的理念之一，因为城市建设的根本目的是为人民服务。这种理念要求城市的每一项功能和服务都以提高居民的生活质量为最终目的，无论是多么智能的城市，都不能忽略这一点。智慧城市的人性化管理主要是指对技术应用的管理，确保技术的进步能直接转化为居民福祉的增进，实现服务的个性化、可访问性和定制化。智慧城市能够像理解人类需求和情感一样，感知和响应城市环境中的变化，这是由于城市利用了先进的信息感知技术。例如，智能传感器和数据分析系统可以使城市实时监测空气质量、交通流量、公共安全等关键指标，并自动调整对策和资源配置，以实现优越的生活环境。智慧城市的全面感知能力还使城市能够预测未来的需求和潜在问题，从而提前做好准备，减少紧急情况的发生。

智慧城市的人性化服务体现在协同运作上，通过打破部门壁垒，实现数据和资源的共享，各个部门和系统可以高效协同，共同解决城市面临的挑战。例如，交通管理系统、公共安全系统和城市规划部门可以共享数据，协同制订更有效的城市发展策略和应急响应计划。这种跨部门的合作可以有效提高行政效率，也使城市管理更加透明和民主。对于智慧城市来讲，无论是管理还是服务，都应坚持以人为本，依托开放的创新平台，如社交媒体、在线论坛、创客空间等，鼓励居民参与城市管理和服务的创新，让居民可以提出建议，参与决策过程，甚至直接参与服务的设计和实施，从而激发居民的创造力和参与热情，使城市服务更加贴近居民的实际需求，从深层体现城市为人民服务的真谛。

第二节　我国智慧城市建设的现状与发展

一、我国智慧城市建设的实际情况

（一）我国智慧城市的发展之路

自 2009 年 IBM 提出“智慧地球”概念之后，国内企业开始积极探索智慧城市的可能性，它们借助 IBM 和 Oracle 等国际大企业在数字化解决方案领域的深厚积累，逐渐成为智慧城市领域主要技术的掌握者，中国智慧城市的发展迅速进入了一个全新的概念引导期。在这一时期，智慧城市发展的重点主要在于引进先进的信息技术和集成系统，布局初步的智慧城市框架。我国开始了一系列智慧城市的试点项目的实施，其中包括深圳、宁波、佛山、扬州、南京、上海、北京等多个大城市。本书以上海为例阐述我国智慧城市的发展。

1.智慧上海建设

自2010年以来，上海致力打造面向未来的智慧城市，希望可以大幅提高城市的数字化、网络化和智能化水平。这一转型对城市居民的生活产生了全方位的影响，特别是在交通、医疗和政务等领域。智能服务的广泛普及改善了居民的生活品质。“十三五”期间，上海加速了互联网、大数据、人工智能与实体经济的深度融合，不仅推动了传统产业的升级，还促进了新兴产业的快速发展，为上海经济的高质量发展注入了新的活力。智慧城市建设的重点包括便捷化的智慧生活、高端化的智慧经济、精细化的智慧治理和协同化的智慧政务，旨在通过技术的力量增强城市的综合竞争力和居民的幸福感。上海智慧城市建设总体框架如图2-2所示。

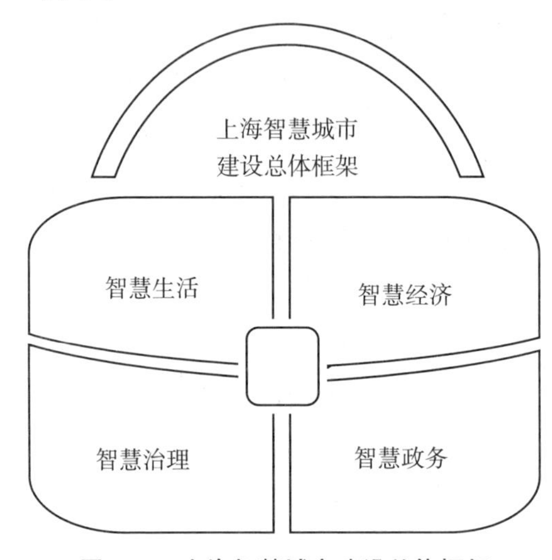

图2-2　上海智慧城市建设总体框架

目前，上海已初步建成了具有泛在化、融合化、智敏化特征的智慧城市，正逐步向一个更加可持续、更具创新力和更加宜居的全球化都市转型。

2.智慧上海的智慧体系

在普惠化应用方面，上海加速推进智慧城市建设，基本形成具有“上海特色、国内领先、国际先进”的普惠化应用格局，涵盖了智能化医疗、教育、交通、养老等公共服务，全面惠及全体市民。市民可以通过移动互联网和智能设备，享受更加便捷、高效的公共服务，如在线诊疗、智能交通导航、远程教育以及智能养老服务等。智慧经济也在蓬勃发展，信息化与工业化深度融合，企业信息化投入占主营业务收入的比重大幅提高，电子商务交易额稳步增长，展现出强大的经济活力。智慧治理进一步深化，通过网格化的城市综合管理平台，实现了全市域的覆盖和精细化管理，提高了城市管理的效率和智能化水平。智慧政务也取得了重大突破，政务数据资源的内部共享和对外开放机制的逐步完善，使市民能够更加便捷地获取公共服务和政务信息，提升政府工作的透明度和服务效能。

在信息基础设施建设方面，上海正着力打造高速、移动、安全、泛在的新一代信息基础设施体系。为满足未来智能化、数字化的需求，上海还全面完成了网络设施的 IPv6 改造，确保了更广泛的连接性和更高效的数据传输。通过不断优化的信息基础设施，上海正在为智慧城市的发展奠定坚实的技术基础，并为市民的数字生活提供更便捷的体验。

在数据资源利用方面，上海正积极构建广泛汇聚、共享开放、深度应用的数据资源利用体系，以更好地发挥数据资源在智慧城市建设中的核心作用。目前，政府数据公开网站已为社会各界提供了丰富的数据资源，数据产品和数据服务的交易额在国内处于领先地位，为数字经济的发展注入了新动能。上海还引进和培育了多家大数据龙头企业，并建成了多个大数据产业基地，为大数据产业生态的形成提供了有力支持。通过不断提高的数据利用水平，上海已率先迈入国际先进城市行列，逐步成为国家战略数据储备中心、亚太地区重要的数据交易市场以及全球“数据经济”枢纽城市，为全球数字经济的发展提供了重要支撑。

在信息技术产业方面，上海致力构建创新驱动、结构优化、绿色发展的产业体系。通过政策引导和创新驱动，一批在全国引领技术创新的龙头企业逐步成型，在集成电路、新型显示、信息服务等领域取得了技术突破，并在国际市场中占据领先地位。为进一步促进产业集群发展，上海还建设了若干个开放式的技术创新和产业发展公共服务平台，集合了国内外的创新资源和人才。通过创新驱动和结构优化，上海的信息技术产业正朝着高质量、可持续的方向加速发展。

在信息安全保障方面，上海正在加快构建可信、可靠、可控的信息安全保障体系。根据国家关于网络安全的战略部署，结合智慧城市建设的实际需求，信息安全保障体系的构建显著提高了城市应对“信息灾害”的能力和网络空间安全监管治理能力。与此同时，城市信息基础设施和重要信息系统的安全保障能力得到全面提高，为智慧城市的稳定运行提供了坚实的安全保障。上海还注重信息安全基础支撑能力的建设，推动信息安全产业的发展和技术创新。通过完善的安全保障体系和强有力的安全监管措施，上海逐步构建起一个安全、稳定、可信的网络空间环境，为智慧城市的可持续发展保驾护航。

（二）我国智慧城市建设需要注意的问题

1.要统一对智慧城市的认识

智慧城市作为一种应对现代城市挑战的解决方案，其概念和发展路径在不同的地区、不同的文化和不同的经济背景下，有着广泛而多样的解读。但一个国家发展智慧城市就是为了解决城市发展中面临的生态和民生问题，所以应构建一个理想的智慧城市模型，以求能够有效解决城市发展中面临的各种问题。因此，人们需要先确认智慧城市的核心目的，即通过先进的技术整合和创新管理模式，解决人口膨胀、城市扩张、资源约束和环境污染等一系列复杂的城市问题。显然，智慧城市追求的是一个更高效的城市运行系统，一个更优质的居民生活环境，以及一个更可持续的城市发展路径。

在智慧城市的建设过程中，人们除要有明确的目标和发展战略之外，更重要的是要部署高效的数据中心和宽带网络，确保每一项技术的应用都紧密结合城市的具体需求。真正的智慧城市应该是技术与城市管理和服务的深度融合，借助智能技术不断优化城市基础设施和服务，提高城市管理的透明度。例如，通过实时监控和数据分析有效管理交通流量，减少能源浪费，提高公共安全以及公共服务的质量。市民作为智慧城市的核心利益相关者，其需求和反馈应成为城市智慧化建设的重要参考，城市管理者可以借助开放的创新平台激发市民的参与热情，共同探索适合本地发展的智慧城市模式。

2. 应有效解决“信息孤岛”现象

在智慧城市的建设中，“信息孤岛”的问题尤为突出，这一问题成为城市智能化发展的障碍之一。要想有效解决“信息孤岛”问题，需要从制度和技术两个层面入手。一方面，制定更加开放的数据政策，明确数据共享的指导原则和操作流程，降低数据开放的门槛，鼓励数据的开放和共享。另一方面，建立统一的数据标准和平台至关重要，这可以通过制定全市甚至全国统一的数据标准和接口规范来实现。同时，增强部门间的协调与合作也是打破“信息孤岛”的关键，各企业需要构建高效的跨部门协作机制，确保数据在各部门之间能够自由流通。

3. 应解决信息安全隐患

由于我国信息安全保障体系尚未成熟，加之核心技术研发能力不足，智慧城市在数据采集、加工、管理、分析和应用的全链条中存在着不小的安全隐患。这一问题对技术层面有不小的挑战，更涉及整个大数据产业和生态体系的健全性。因此，信息安全是智慧城市建设中的一大挑战，尤其是在数据中心的建设和数据的广泛开发利用中显得尤为突出。国内缺乏足够的安全经验和对高级安全系统的掌握，使智慧城市在防御网络攻击、数据泄露等安全威胁面前显得尤为脆弱。面对这些问题，只有处理好信息安全与信息透明的关系，才能确保智慧城市的稳健运行。

对此，人们应从以下几个方面着手：首先，加强对核心技术的自主研发投入，减少对外部技术的依赖，通过国内创新来提高智慧城市的安全保障能力。建立更加严格的数据管理和保护机制，确保所有敏感数据在采集、传输、存储和使用过程中的安全。其次，加强国际合作，在尊重各国法律的前提下，与国际社会共同应对信息安全挑战，学习和借鉴国际上成熟的信息安全技术和管理经验，提高我国智慧城市的信息安全管理水平。最后，应该制定统一的信息安全标准，实施系统的安全审查和持续的风险评估机制，以确保智慧城市项目在实施过程中的安全性。

4. 应完善信息服务

在智慧城市建设的过程中，普遍存在信息服务不足的问题，这种现象导致智慧城市的发展停留在表面，缺乏深入和系统的实际应用。

在智慧城市建设中，信息服务的不完善与信息的收集、处理、加工有直接关系，许多城市虽然建立了庞大的信息系统，但未能有效开发利用这些系统，甚至不重视这些系统的后续开发和维护，很容易出现投入了大量资源但未能产生应有的社会和经济效益等问题。因此，智慧城市的信息服务应注重人们的实际需求和意见。技术固然重要，但技术并非万能的，智慧城市应当结合实际情况和具体需求来发展，这就意味着智慧城市信息服务建设不仅要充分考虑各地的特定环境和文化，还需要在项目实施过程中保持开放的沟通和反馈机制，确保各方的意见能够被及时反映并采纳。

二、我国智慧城市建设的未来发展目标

（一）为民服务，全程全时

智慧城市建设的未来发展应以实现“为民服务，全程全时”为目标，即通过数字化和智能化，构建一个清廉、全面、高效、均等化的智慧民生服务体系。在这种服务体系中，社会保障、医疗健康、养老、教育、就业和公共安全等各个方面的服务都将被深度整合和优化，以确保每一个市民都能够享受到公平、便捷、高质量的服务。

在实现这一目标的过程中，信息技术的应用起到了关键作用：尤其是统一的大平台和数据库的建立，使社保信息、医疗记录、教育背景、就业状态等各类民生服务信息能够实现互联互通和数据共享，提高了数据的利用效率，减少了重复劳动和资源浪费，还使相关服务机构能够更准确地把握市民需求，及时调整和优化服务内容和方式。服务协同也是智慧城市实现“为民服务，全程全时”的一个重要方面，即通过跨部门、跨行业的协作，形成服务的协同效应。

（二）城市治理，高效有序

智慧城市建设的未来发展应以实现“城市治理，高效有序”为目标。这一点需要在技术进步的基础上实现治理体系的革新和治理能力的提高，充分发挥

信息技术在推动城市治理现代化过程中的作用。利用信息化手段可以构建现代化的城市治理体系，使城市治理的各个方面能够实现更高效、更透明、更协调的运作。

在构建现代化的城市治理体系的过程中，最基础的是构建一个强大而灵活的信息基础设施，包括大数据中心、云计算平台以及各种智能化管理系统，它们共同构成了城市治理的神经中枢，能够实时收集、处理和分析来自城市各个角落的数据。信息基础设施收集的数据既涵盖交通流量、公共安全、环境监测等传统数据，也包括市民健康、经济活动、社会服务等广泛的社会经济数据。智慧城市的城市治理之所以高效，是因为它强调以信息化推进城市治理体系和治理能力的现代化，这意味着智慧城市的城市治理是技术的更新换代，更是治理模式和管理流程的改变。智慧城市的城市治理之所以有序，是因为它构建了一体化的城市治理平台，各个管理部门可以在同一平台上共享信息，协同处理城市管理中遇到的问题，还可以按照问题严重程度排序后有针对性地处理，提高治理效率，减少部门间的信息壁垒，加强对复杂城市问题的综合应对能力。

（三）数据开放，共融共享

智慧城市建设的未来发展应以“数据开放，共融共享”为核心目标，即通过构建一个全面的政务信息资源共融共享体系，打破“信息孤岛”，促进数据的广泛利用和效益的最大化。这一目标的实现需要全面整合和开放人口、经济、地理信息等各类基础数据，而建立信息资源共享平台，可以实现数据的互联互通，使数据流通无障碍，信息服务无边界。

智慧政务大数据不仅是简单的数据存储和查询，而是一个涵盖数据分类、清洗、抽取、挖掘、分析、汇集、共享及交换的综合性功能体系。从各个不同来源和结构的数据中提取有价值的信息可以支持更加精准和高效的政策制定、城市管理和服务提供。例如，通过分析居民健康数据和环境数据，可以更有效地调配医疗资源和制定公共卫生政策。这种数据共享和开放的策略还鼓励了跨部门、跨行业的协作，允许不同的管理部门、企业以及研究机构共同访问和利用这些资源，推动创新和服务的改进，加快公共服务的数字化转型，提高政府透明度和公民参与度，从而提高公民对政府的信任和满意度。这样的数据开放和共融共享策略有助于构建一个更加开放、互联的数字化城市环境，为市民提供更高效、更个性化的服务，推动社会经济的持续发展和创新。

（四）网络空间，安全清朗

智慧城市建设以网络为链接桥梁，这就意味着应围绕创造“网络空间，安全清朗”的环境，构建一个栅格网。该网格涵盖地面设施、卫星和其他空中资产，夯实了智慧城市的信息基础设施根基，推动更高级别的城市智能化。一体化网络架构的存在使电子政务外网、公共互联网、各大运营商网络、无线网以及物联网（包括公安视频专网）之间的联系更为紧密，实现了各种网络和服务之间的无缝对接和数据流通。

在智慧城市一体化网络架构的建设过程中，网络与信息空间的安全清朗是核心要求，涉及各类网络的安全协议和技术的更新，以确保所有网络平台在传输和处理信息数据时都符合最高的安全标准。城市管理者可以利用先进的加密技术、身份验证、入侵检测系统和实时监控，有效地防范和应对网络攻击、数据泄露和其他网络安全威胁。智慧城市的网络安全不仅需要准备防御性措施，还需要构建一个透明、可监控的网络运行环境，不断地评估和改善其网络安全策略，实现持续的安全优化。这种主动和动态的安全管理方式可以确保网络空间的清朗，使市民能够信赖和依赖城市提供的数字服务。

（五）经济发展，绿色开源

智慧城市建设的未来发展既要着眼于技术创新和城市管理的效率提高，也应注重“经济发展，绿色开源”这一核心目标，实现经济活动与环境保护的和谐共生。自古以来，经济发展和绿色低碳都存在一种动态的平衡，想要实现上述目标必须构建一个综合性的生态环境管理体系，包括绿色低碳技术、循环经济实践以及全面的可持续发展策略。在这种框架下，绿色经济的发展不是局限于传统的环境保护措施，而是借助智能技术的整合，将环保行动与城市运行的各个方面紧密联系起来，令城市管理者能够通过实时数据收集与分析，及时了解环境质量和能源使用状况，从而更精确地调整政策和资源分配，以支持绿色低碳的城市生活方式。

第三节　智慧物流与智慧城市的深度链接

一、智慧城市背景下物流产业发展

（一）城市发展与物流产业的内在关联

城市的发展与物流产业是密不可分的，早期的城市化过程需要连接生产和消费的重要纽带——物流，为城市的经济活动提供基础支持，如今的城市扩张和功能丰富同样需要物流产业的支持。城市发展与物流产业的关系是相辅相成的，一方面，城市规模的不断扩大，大幅增加了物流活动的复杂度，也对物流系统的效率和可持续性提出了更高的要求，这是因为现代社会的物流不仅是货物运输和存储，还涵盖了供应链管理、信息流的处理以及客户服务等多方面的功能。例如，消费者对即时配送的需求推动了物流业务向更快速、更灵活的方向发展，也促使物流资源和组织必须进行相应的调整和优化，以适应这种新的市场需求。另一方面，城市物流的不断扩展和密集化转型也对城市的交通系统、环境质量以及居民的生活质量产生了深远的影响。物流活动的增多往往伴随着交通拥堵和环境污染问题的加剧，这直接影响了城市居民的日常生活，也对城市的可持续发展构成了威胁。

城市是经济、政治、文化和生活的中心，所有类型的物流活动，包括商品的运输、分配和存储等，都依托城市而高效进行。从经济角度分析，城市的不断发展，必然会带来经济的繁荣，这种繁荣的背后也包括物流产业的进步，如城市的多功能性和高度集中特点代表着物流可以实现物品的流通、信息的传递以及人员的有效移动。物流是城市经济发展和社会运作的重要组成部分，其特点是高度集中和依赖城市基础设施。基于此，城市管理者可以大力投资物流基础设施和技术的创新，在提高物流服务的质量和效率的同时推动城市经济发展，打造城市发展和物流产业发展的双赢局面。

物流系统作为物流产业的重要组成，其效率直接影响着城市的生产力和竞争力发展，高效的物流系统可以降低企业的运营成本，提高产品的市场响应速度，可以吸引更多的企业投资，从而促进整个城市经济的增长和繁荣。而且物流还与城市居民的日常生活密切相关，任何一件生活必需品都离不开物流的支持，直接影响居民的生活质量和消费体验。但是，物流系统本身太过庞大，对城市的要求极高，特别是在人口密集和商业活动频繁发生的场所，人们必须考虑道路拥堵、环境保护和城市空间的有效利用等问题，这就对物流系统的设计和管理提出了更高的要求。具体而言，物流不仅要高效，还要环保、节能，并且能够利用现代信息技术实现优化管理。随着城市化进程的加快，人们对城市物流系统的规划、建设和管理提出了更高的标准和要求，这需要社会各界共同参与，共同推动城市物流向更智能、更绿色、更高效的方向发展。

（二）智慧城市建设与物流产业创新发展

物流服务作为城市基础设施的一个重要组成部分，不仅关系企业的运营效率，还直接影响着市民的生活质量和城市的整体竞争力，特别是电子商务的兴起，使城市物流服务面临着前所未有的发展机遇和挑战。

随着我国城市化进程的加速，智慧城市的概念应运而生，它是信息化技术的高度集成，可以优化城市管理和服务流程，提高城市应对各种挑战的能力。从这一层面上讲，智慧城市不仅是科技的纯粹展示，更是城市转型的根本之路。智慧城市着重强调可持续发展，旨在实现资源的最优配置和环境的和谐发展，而物流服务作为城市基础设施的重要组成部分，其创新发展是智慧城市成功实施的关键。智慧城市的物流系统还通过与其他城市服务系统的互联互通，提供了更加个性化和便捷的服务，如智能快递柜、无人配送车等创新应用，使居民的生活质量和城市的吸引力都有了显著提高。因此，物流服务的创新是对现有系统的改进，是对未来城市生活方式的一种预见和布局。在智慧城市的大背景下，物流行业的持续创新发展能够满足当前的需求，对未来城市发展趋势也是一种积极的响应。

在智慧城市的框架下，物流不再是单一的货物配送服务，而是变成了一个高度智能化、自动化的系统。物流行业灵活地运用了先进的信息技术，如物联网、大数据分析和云计算，将运输、仓储、装卸、快递分拣以及派送等关键环节有机结合起来，从而创造了一个完整且高效的供应链管理系统。这一管理系统优化了物流操作流程，提高了物流效率和准确性，减少了物流成本和时间延误。同时，智慧城市利用信息化手段高效处理城市相关信息、优化城市管理、提高公共服务质量、促使物流企业加速管理机制的创新，通过引入自动化技术和智能决策系统，进一步提高物流服务的质量和响应速度，进而加强城市公共服务基础设施建设，改善交通管理环境，优化物资的配送。这种在智慧城市背景下的物流服务创新能有效地提高城市形象和居民的满意度，成为推动城市经济发展的关键因素，更重要的是，其是城市智能化发展的一个亮点，展示了信息时代下物流与城市发展的新模式。

二、智慧物流背景下的城市建设

（一）智慧物流系统对城市环境与经济的影响

1. 智慧物流系统对城市环境的影响

智慧物流系统的显著特征就是集成了先进的数字技术，凭借这些技术，其可以优化配送路径，减少不必要的行驶和空驶，减少道路上的车辆数量，减少交通拥堵，进而改善城市的交通状况，缓解城市交通压力。智慧物流系统还可以利用物联网技术和实时数据分析，实时监控城市交通流量和路况，通过动态调整配送策略，避开高峰时段和拥堵区域，在保证配送计划更加灵活和高效的基础上进一步降低交通压力。

智慧物流系统在提高运输效率的同时可以显著地减少燃油消耗和相关的排放量，这对减轻城市空气污染和减少温室气体排放具有重要意义。例如，智慧物流系统减少了运输过程中的无效行驶和空驶，有效降低了每次配送的能源消耗和排放，这种减排效果对于改善城市空气质量具有重要意义。进一步来看，智慧物流系统还鼓励采用电动和混合动力运输工具，以有效减少化石燃料和其他污染物的排放，降低城市噪声污染，给城市居民提供更加适宜的居住环境。此外，智慧物流系统还通过自动化和机器学习算法提高了运输效率，减少了人力运输需求，进一步降低了对环境的不利影响。智慧物流系统对城市环境的保护不限于减少污染，还包括对生态系统的间接保护，因为减少道路使用和优化货物流转效率可以减少对自然生态的干扰，为动物和植物提供更稳定的生存环境。

2. 智慧物流系统对城市经济的影响

智慧物流系统对城市经济的影响主要体现在对传统物流模式的革新上，特别是对传统运输和配送模式的革新，可以显著提高城市经济的活力和竞争力。这种革新主要体现在以下几个方面。第一，智慧物流系统通过优化配送路线和提高运输效率，大幅降低了企业的运输成本，使企业能够将节省下来的资金用于其他业务扩展或技术升级，从而增强其市场竞争力。第二，智慧物流系统通过使用高精度的跟踪和管理技术，显著提高了配送的速度和精确性，客户满意度也有明显增长，帮助企业在激烈的市场竞争中获得了优势。第三，智慧物流系统的应用促进了订单处理和客户服务的自动化，进一步提高了操作效率和客户体验，可以在留住旧客户的同时吸引新客户。第四，智慧物流系统还催生了新的技术和服务，如自动化仓库、无人配送车辆和机器人配送系统，提高了物流行业的技术水平，还为相关的软件开发、设备制造和服务维护等产业链创造了新的业务机会和就业岗位。例如，自动化仓库技术的发展使社会对高性能传感器、人工智能算法和机器人技术的需求有所增加，这些都是当前技术创新的热点领域。第五，智慧物流系统可以支持更为灵活的供应链管理和多样化的商业模式，有助于城市商业模式的创新，如即时配送服务和以订阅为核心的经济模式，这些新兴模式正在逐渐改变消费者的购物习惯和预期，推动了整个零售行业的变革。

智慧物流系统通过优化城市物流效率促进了社会经济的发展，还在一定程度上推动了社会经济的均衡发展。对智慧物流而言，其物流范围在先进技术的加持下不断扩展，可以将服务扩展到偏远和不发达地区，使原本因地理问题而难以享受现代物流服务的地区，接入了更广泛的市场和资源，从而促进了地区间的经济平衡，显著提高了这些地区物资获取的公平性和效率。智慧物流系统利用先进的信息技术和通信技术确保即使是基础设施较差的地区也能享受物流服务，更保证了这种服务的可靠性和响应速度。更重要的是，人们能够通过访问电子商务平台获得更多的产品，享受购物的便利，这在很大程度上缩小了城乡之间的生活方式差异。智慧物流对于城市经济的促进还体现在促进当地就业和提高当地居民技术能力两个方面。尤其是在偏远地区投入智慧物流设施，如自动化分拣中心或配送站点，可以为当地居民提供就业机会，还能提高当地居民的技术水平。有助于当地居民在更广泛的经济活动中找到立足点，进而促进社会经济结构的优化和升级。

（二）智慧物流支持下的城市可持续发展

未来城市的发展是可持续的，而这种可持续的实现离不开智慧物流系统的支持。智慧物流能够优化货物和服务的分配，还能够利用高级信息和自动化技术，实现资源的最优配置和运营效率的最大化，这对于应对日益严峻的环境挑战和城市化进程的加快显得尤为重要。例如，阿姆斯特丹的“智慧港口”项目拥有高效的货物跟踪系统和自动化仓库，有效地减少了货物周转时间和能源消耗，同时减少了港口的碳足迹。“智慧港口”还集成了可再生能源和循环利用系统，充分展示了智慧物流与城市可持续发展目标的完美结合。又如，新加坡的“无人驾驶物流车队”项目则利用自动驾驶技术和物联网，实现了 24 小时全自动配送服务，提高了配送效率，减少了交通拥堵和尾气排放，更为城市交通系统带来了革命性的改进。智慧物流还能在面对气候变化时发挥重要作用，借助精确的数据分析预测和应对可能的供应链中断，可以有效保障城市生活的连续性和安全，提高城市应对极端气候事件的韧性。

未来，随着技术的进步和政策的支持，智慧物流系统将在更多城市得到推广，成为支撑城市可持续发展的关键力量，同时通过持续的创新和合作，为应对未来挑战提供强有力的支持和解决方案。

第三章　智慧城市视角下物流智慧化转变

第一节　智慧城市为物流智慧化提供的理论支撑

一、智慧城市的技术理论

（一）技术论的基本思想

自古以来，科技发展一直是推动生产力发展的根本动力。

1. 技术决定论

技术决定论主张技术的发展和变化是历史进程中主要的驱动力量，技术的变化能够不受社会结构和文化价值观的影响而发展，并最终形塑社会的组织结构和文化形态。技术决定论有两个基本原则，第一个原则是自主性原则，强调技术按照其内在的逻辑和需求发展，而不是被外部社会因素决定。在这种观点下，技术的进步看似独立于人的意志和社会环境，具有自我驱动的能力。第二个原则是变革性原则，强调技术的发展和革新是推动社会结构变革和文化模式转变的关键因素。例如，工业革命时期的蒸汽机和纺织机械的发明，不但改变了生产方式，也促进了城市化进程和社会阶层的重组。在技术决定论中，技术不仅是工具的简单集合，还是一种独立的社会力量，其发展的方向和速度成为影响人类历史进程的关键因素。换言之，社会变革是技术革新的必然结果，技术进步为社会提供了新的可能性，从而推动了社会的组织形态和价值观的变革。例如，互联网的出现改变了信息传播的方式，还改变了经济、政治和社会交往的格局。

2. 技术实体论

技术实体论是在哲学和社会学领域中对技术的深刻洞察，它认为技术不应仅作为工具或机械而存在，更应作为一种独立的社会存在，影响和塑造人类的生产过程和生活方式。换言之，技术已经脱离技术的本质，上升为一种文化和社会现象，它的作用自然也远超过其物理表现形式。技术实体论的典型代表人物有埃吕尔（Jacques Ellul）和海德格尔（Martin Heidegger）。在此理论中，机器仅仅是技术方法可能实现的一种形式，而技术按照其内在逻辑展开，形成一种自有的秩序和效率，这种秩序逐渐渗透社会的各个层面，包括经济、文化乃至个人层面。换言之，技术除是人类用以改造自然的工具之外，它本身也反映了人类对存在和现实的一种理解和构造，它定义了现代人类的世界观和生活方式。根据技术实体论理论可知，在研究技术时不能只关注它的物理和工具层面，还应该关注它作为一种文化和社会现象的深层次影响，人类通过合理地应用技术改造了外在的自然世界，也重塑了人类内在的精神和文化世界。技术实体论者认为，技术的发展和应用带来了新的社会机构、行为模式和交流方式，同时提出了新的道德和伦理问题。如数字技术的发展如何影响隐私权、监控和人际关系是当前技术社会学研究的热点问题。

（二）智慧城市技术理论实践

在智慧城市的构建中，技术论观点占据了核心地位，无论是先进技术的应用，还是城市管理和服务的智能化转变，都强调利用最新的科技创新来实现。基于技术理论的智慧城市技术框架是对城市发展领域技术研究工作的顶层设计，让城市管理者运用先进的数字技术解决城市规划和运营中遇到的各种问题，提高城市服务的效率，优化资源配置，增强城市的可持续性并提高居民的生活质量。在这一框架下，人们可以确保各种技术的协调发展和有效整合，包括智能交通系统、能源管理系统、公共安全网络等。换言之，技术框架下的智慧城市是一个信息技术的集合体，也是一个互联互通的智能系统。在城市各类设施中植入智能化传感器（如路灯、建筑、交通工具等），可以收集相关数据，如环境质量、交通流量、能源使用情况等，再通过互联网传输至数据中心。这些数据经过云计算平台的处理和分析，可以提供实时的智能响应和决策支持。例如，智能系统可以分析居民需求和反馈，自动调整公共服务策略；智能分析可以帮助优化医疗、教育资源分配，提高服务效率和质量；环境监控传感器可以实时监测空气和水质状况，及时响应污染事件，保护城市环境；智能城市可以利用视频监控系统和数据分析预防犯罪活动，快速反应紧急情况；垃圾回收、公交系统等也能通过智能化升级实现更高效的管理；企业可以基于市场分析作出更准确的业务决策，提高经济效益；智能交通系统可以根据实时交通数据调整信号灯和路线规划，减少拥堵和事故发生，提高交通效率。整体而言，智慧城市的构建依靠先进的信息和通信技术，对城市各个方面进行全面感知和智能化处理，能提高城市管理的效率和质量，还能增强城市的可持续发展能力，提高居民的生活质量，实现经济、社会和环境的和谐发展。

智慧城市的技术框架强调技术集成，强调开放性和模块化的设计理念，确保未来可以根据新的技术进展或城市发展需求灵活调整和扩展。智慧城市技术框架的建立，需要考虑技术的普及程度和人们的接受度问题，确保技术解决方案既高效又易于被市民接受，这要求技术开发者与城市管理者之间进行持续的沟通和协作，共同推动智慧城市技术的健康发展。通过这样的集成和优化，智慧城市能够更好地应对日益复杂的城市挑战。

1. 微软亚洲研究院的智慧城市技术框架

微软亚洲研究院（Microsoft Research Asia, MSRA）于 2013 年提出“四层反馈”框架结构，将智慧城市细分为城市感知与数据捕获、城市数据管理、城市数据分析、应用与服务四个层次。如图 3–1 所示。

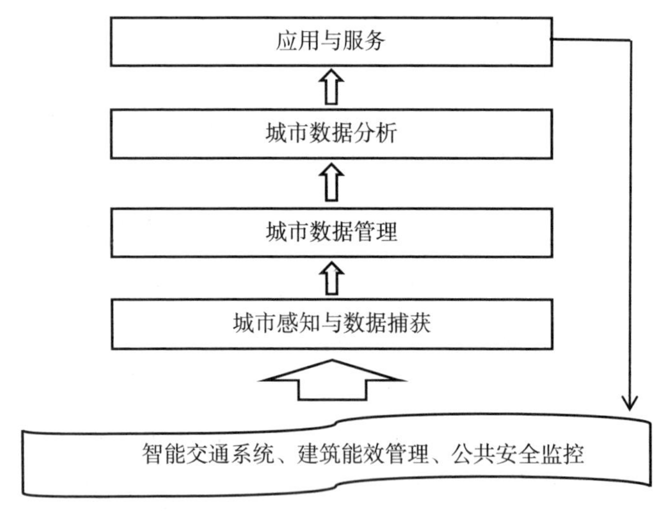

图 3–1 “四层反馈”的智慧城市技术框架结构

在城市感知与数据捕获层，通过安装各种传感器和摄像头实时收集关于交通流量、天气条件、公共安全和市民活动的数据。这种广泛的数据捕获为城市提供了透明度和监控能力，使数据管理成为可能。在城市数据管理层，收集到的数据被存储、整合和保护。在这一层结构中，数据的安全和隐私得到了特别关注，确保信息在传输和存储过程中的安全性，以及对个人隐私的尊重和保护。在城市数据分析层，应用先进的分析工具和算法处理和解读大数据，转化为可操作的洞察。这些洞察帮助城市规划者和管理者作出基于数据的决策。在应用与服务层中，将上述洞察与决策应用到实际的城市运营和服务中，利用智能交通系统、建筑能效管理、公共安全监控等实际应用改善市民的生活质量。这种四层框架结构最重要的一点在于其反馈回路的设定，意味着任何应用的输出都将反馈到系统中，用于调整和改进前述的所有层次，确保技术解决方案能持续适应和满足城市的变化需求。这种独特的设计，增强了城市管理的智能化，也提高了城市系统对市民生活影响的灵敏度和响应速度，使智慧城市技术不仅能提供数据和洞察，更能在实时动态中优化城市生活的实际工具。

2. 现代智慧城市技术框架

随着数字技术的发展，智慧城市建设越发完善，形成了以“感、传、知、用”为核心的现代智慧城市技术框架，如图 3-2 所示。现代智慧城市的技术框架有业务和技术两个维度，展现了如何有效地整合各种信息资源，从而提高城市的管理效率和居民的生活质量。在业务方面，该框架纵向覆盖从感知层到应用层的各个阶段，确保信息流的连续性和逐级加工；横向上则实现了城市管理、产业发展和民生改善这三大领域的业务联动，促进了部门间的协同作用和资源共享。在技术方面，通过部署传感器网络，建立海量数据中心与统一的信息服务平台，构建了一个一体化联动的信息共享与协同机制。智慧城市管理控制中心和信息发布渠道的设立加强了城市运行的监控和控制，优化了信息向公众的传递，增强了透明度和公民参与度。现代智慧城市技术框架提高了城市管理的精细化、准确化和实时化水平，使城市从容应对各种挑战，从而推动了智慧城市向更高目标的发展。

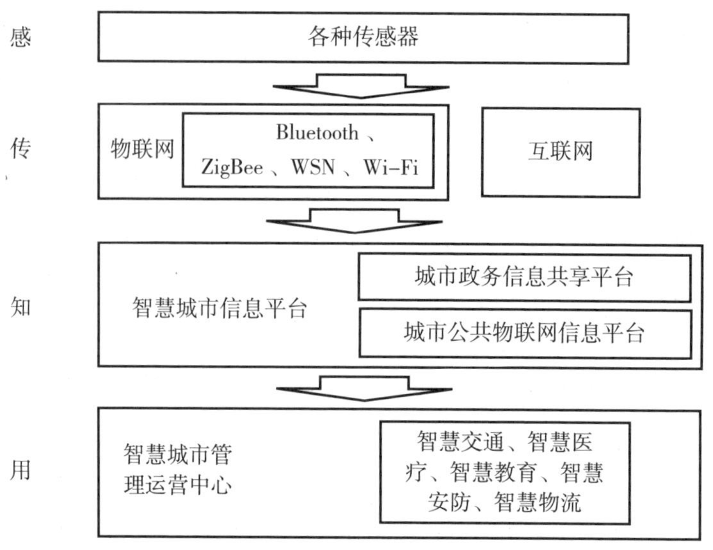

图 3-2 现代智慧城市技术框架

二、智慧城市的系统论

（一）系统论的基本思想

系统论也称为一般系统论，由生物学家路德维希・冯・贝塔朗菲于 1937 年提出，是基于开放系统理论的新概念。1945 年，贝塔朗菲的开创性论文《关于一般系统论》正式发表，揭开了系统论现实应用的序幕，但这一理论在当时并不受人们认可，直到 1948 年贝塔朗菲在美国再次讲授该理论时才逐渐受到学术界的广泛重视。在 1968 年，贝塔朗菲发表了《一般系统理论：基础、发展和应用》，系统地总结了系统论的理论基础及其在多个学科中的应用前景，系统论的科学地位最终得到了确认。系统论的提出，为在不同的科学领域之间寻找通用的原理和模式提供了新的方法。

系统论的核心思想是将复杂现象或事物视为一个整体的系统，而不仅仅是各个部分的简单集合。换言之，系统论认为整个系统是由其组成部分通过相互作用产生的，任意单独的组成部分都只是整个系统的组成之一，所以系统论强调了整体大于部分之和的概念，这是系统论的理论基石。系统论超越了单一学科的界限，提供了一种从整体角度审视和解决问题的视角，适用于从生物系统到社会系统，从经济系统到信息系统等不同应用领域。系统论要求人们在研究和解决问题时，既要考虑系统内部的各个组成部分，又要考虑这些部分如何通过相互作用形成一个协调统一的整体。系统的性质和行为并非仅由其内部元素简单相加所能决定的，而是由这些元素之间复杂的相互作用所决定。这就意味着在复杂系统的管理和决策中，需要找到影响系统行为的关键因素或控制点，然后集中资源和努力对这些关键点进行干预，以最小的代价达到最优的控制效果。

系统论具有开放性、自组织性、复杂性、整体性、关联性、等级结构性、动态平衡性、时序性等特点。系统论的开放性特点指出，大多数系统不是封闭的，而是与外界环境有着持续的物质、能量和信息交换，这种交换是系统能维持和发展的基础，也是系统能对外界变化作出反应并适应这些变化的关键机制；自组织性是指系统在没有外部指令或明确控制的情况下，内部互动自发形成有序结构或行为模式的能力，这种自我调节和自我管理的能力是复杂系统能适应环境变化的关键；系统论的复杂性不仅体现在其内部结构的多样性和多层次性，还体现在其行为的不可预测性，系统内部的多个组成部分可以以非线性的方式相互作用，这些相互作用常常导致系统行为出现难以预料的新特性或新行为，即所谓的“涌现性”；整体性和关联性是系统论的另外两个特点，整体性是指系统的功能和行为是由所有部件综合作用的结果，而关联性指出系统内各部分之间存在着密切的关系，这意味着，改变系统中的任何一个部分都可能影响到整个系统的行为和状态；等级结构性描述了系统论通常具有多级结构的特点，各级结构之间具有清晰的层次关系连接，这种结构使系统能够在多个层面上进行管理和控制，同时反映了从上至下或从下至上的影响和控制机制；动态平衡性和时序性关注系统随时间的变化和发展，系统不是静态的，而是在不断变化中寻求动态平衡，所以系统的行为和状态是时间的函数，这就要求在分析和设计系统时，必须考虑其发展的历史和未来的趋势。

（二）智慧城市系统论实践

智慧城市作为信息化与城市建设融合发展的产物，是城市化进程中的一个高级阶段。从系统论的角度来看，智慧城市的核心在于利用现代信息技术全面感知和监控城市中的各种资源流动，如人口流、物质流、能量流和资金流，实现这些资源的高效流动和交换，同时通过集成的信息技术平台优化资源配置，加强城市自然系统、社会系统和经济系统等各个系统之间的协调和互动。智慧城市通过系统的重构和完善，创建了一个优化的经济社会活动环境，提高了城市运营管理的效率和信息资源的利用率。智慧城市的系统论内涵如图 3-3 所示。

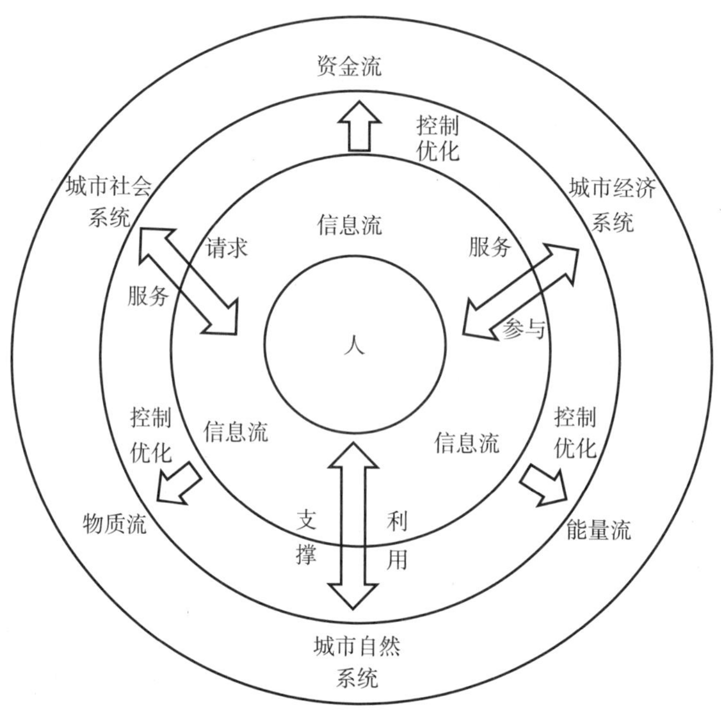

图 3-3　智慧城市的系统论内涵

从系统论角度出发，智慧城市可以视作一个基于数字技术和知识资源形成的复杂系统，包含了众多子系统和服务，涉及城市的方方面面，如交通管理、能源供应、公共安全、医疗保健、教育和娱乐等。这些子系统彼此之间高度依赖、相互影响，形成一个互联互通的网络。对这一系统化网络的协调和优化可以实现城市的高效管理和可持续发展，也为未来城市的可持续发展提供了一个全新的视角和方法论，预示着城市发展的新趋势和可能性。智慧城市的子系统主要包含以下几个部分。

（1）目标子系统

智慧城市的目标子系统是智慧城市愿景的具体表述，更是整个智慧城市环境中信息流动的“首要响应者”，在智慧城市的架构中引领和控制其他子系统的运行，确保城市功能的优化和城市运营的高效性。现阶段，智慧城市目标子系统的主要内容包括几个关键方面：其一，优化城市功能，应用智能技术改进交通、能源、公共安全等城市基础设施的管理和服务；其二，提高城市运营效率，利用数据分析和机器学习等方法，提高城市服务的响应速度和质量；其三，增强城市风险应对能力，建立先进的监测和预警系统，有效管理和减轻自然灾害和人为事故的影响；其四，改善城市生态环境，推动绿色能源发展和可持续城市规划，减少污染，保护自然资源；其五，推进城市经济、社会、人口、资源和环境的可持续发展，确保城市的长期繁荣不会以牺牲环境等为代价。这些综合措施的实施使智慧城市目标子系统响应了当前的城市挑战，为未来的发展设定了清晰的路线图，展示了未来城市发展的强大潜力和前瞻性。

（2）技术子系统

智慧城市的技术子系统是区分智慧城市与传统城市的关键所在，技术子系统为智慧城市提供了技术基础，充当了实现城市愿景中目标价值的核心驱动力。技术子系统通过先进的信息和通信技术集成连接起智慧城市中的主体子系统与客体子系统，确保信息在城市各部门和层面之间的无缝流动和实时交换，从而保证决策的时效性和精准性。技术子系统也是管理子系统的主要对象，智慧城市能够不断提高运营效率和服务质量，实现更加精细化的城市管理。技术子系统的高度发展使智慧城市能够实现其目标价值，为市民提供更高质量的生活环境，同时推动经济、社会和环境的可持续发展。

（3）主体子系统

智慧城市的主体子系统有多个关键参与者，领导和规划者制定政策、提供资金支持，并确保智慧城市项目的整体方向与公共利益相符；提供技术解决方案与资金投入者是智慧城市实现具体功能和服务的主要推动力；提供创新技术、理论支持和评估机制者帮助智慧城市项目在科技和理论上保持前沿性和实用性；大众的参与则确保了智慧城市项目能够真正满足市民的需求和期望，增强了项目的接受度和有效性。在智慧城市的建设中，这些主体之间的利益关系和合作模式对项目的成功至关重要，因为，有效的合作可以带来资源的优化配置和信息的全面共享，而利益冲突则可能导致项目延误、成本增加或者实施效果不佳。因此，建立一个透明、公正的协调机制可以平衡各方利益，促进各参与主体之间的合作与对话。智慧城市项目还需考虑长远的社会、经济和环境影响，这要求所有主体在追求技术和经济效益的同时，关注项目的社会责任和可持续性，共同创造一个更加宜居、高效和可持续发展的城市环境。

（4）客体子系统

智慧城市的客体子系统是智慧城市框架中的一个核心组成部分，它涵盖了城市的物理基础设施、生产与生活系统、管理和服务系统、城市居民以及自然生态环境，这些要素构成了城市运行的物质和社会基础，是智慧城市实施的直接作用对象。主体子系统通过规划和引导，使客体子系统中的各部分逐步整合和优化，并以信息技术为手段实现改造，达到智慧城市的价值目标。具体来讲，城市的物理基础设施，如交通网络、公用设施和通信架构等，利用智能传感器、物联网和大数据技术，能够实时监控和响应城市需求；生产与生活系统基于智能化的供应链管理和资源分配，能提高效率，降低成本；管理和服务系统依托集成的信息平台，可以大幅提高服务质量和管理透明度，实现精细化管理。城市居民作为智慧城市发展的受益者和参与者，借助智能家居、电子政务等应用可以体验到更便捷的城市生活。自然生态环境的保护和优化也被纳入智慧城市的规划之中，智能环境监控系统的构建和可持续城市规划的出台，有助于实现城市发展与自然环境的和谐共存。

（5）管理子系统

智慧城市的管理子系统主要负责将智慧城市的各个子系统通过一系列规则、制度和机制相连接和规范，确保整个城市系统的有序运作和有效管理。因此，管理子系统包括智慧城市的规划者和管理者，他们是推动智慧城市建设、优化和规范智慧城市运营的主要力量。管理子系统不仅制定和实施策略，还监控智慧城市的运行过程，确保各项技术应用和服务达到预定的目标和标准。在智慧城市中，各个子系统之间的界限并不完全分明，它们通过信息和服务的流动相互影响和促进。例如，技术子系统提供数据和分析支持，帮助管理子系统更精确地进行决策和资源分配；管理子系统的政策和规定影响技术子系统的优化和升级方向；管理子系统还需要与目标子系统紧密合作，以确保城市运营和发展策略与城市愿景和居民需求相一致。智慧城市的管理子系统采用先进的管理软件和平台，如城市运营中心，可以有效地整合和协调这些相互依存的子系统。管理者利用这些工具实时监控城市状态，响应各种情况，从而提高城市的应急反应能力和服务效率。这种集成的管理方式使智慧城市能够更好地适应快速变化的环境，实现持续的技术创新和社会经济发展，确保城市发展的可持续性和居民生活质量的不断提高。

第二节　智慧城市为物流智慧化提供的技术支撑

一、物联网技术

（一）物联网的定义

物联网（Internet of Things, IOT）是指“物物相连的互联网”。从本质上来说，物联网不是一个全新的技术体系，而是依托现有的互联网技术进行的扩展和深化。换言之，物联网将互联网的连接范围扩展到传统意义上不会被网络连接的物品，如家用电器、汽车、公共设施等，实现了一个全新的互联网使用场景。在这个场景中，除了传统的计算机和智能手机能够实现互联互通，日常生活中的普通物品，如冰箱、灯泡等，也能够互联互通，实现数据的交换和通信。在传统的互联网应用中，用户通常是人类，他们使用设备来交流和处理信息，而在物联网中，通信的主体可以是任何物品，这些物品只需通过内置的传感器、智能设备和数据处理工具，就可以自行收集环境或自身的数据，并基于这些数据作出响应或者将这些数据传递给其他设备和系统。这种技术的进步不仅使设备之间的通信变得可能，还推动了自动化和智能化技术的发展，因为物联网设备能够不断收集大量数据，为数据分析和机器学习提供丰富的资源，使智能算法可以更精确地分析、处理、预测这些数据。

物联网并不是一个孤立的新兴技术领域，而是多个成熟技术的综合体现和进一步的发展，是技术发展到一定阶段的自然产物。物联网包括传感网、通信网和互联网等技术，这些技术的成熟和集成使物联网能够通过射频识别、传感器技术、全球定位系统、激光扫描器等高级信息感知设备，将现实世界中的各种物体与互联网无缝连接，实现信息的自动收集、处理和交流。随着社会对自动化和智能化需求的增加以及人们生活方式的变化，物联网技术在现实中得到了更多的应用，它利用互联网、移动通信网络以及智能设备和传感器，提高了信息处理和传输的效率，拓宽了信息技术的应用领域。在物联网的世界中，每一个被连接的物体都可以生成、接收和处理信息，这些信息可以被智能算法分析，使决策更加精准。例如，在智能家居领域，传感器收集的数据可以用来优化能源使用，提高居住舒适度和安全性；在工业生产中，物联网可以帮助人们监控设备状态，预测维护需求，从而减少停机时间和维修成本。

物联网的发展预示着一个更加智能化的未来，它从根本上改变了人们的工作、生活以及社会的整体结构，实现了资源的优化配置和更高效的运营管理。

（二）物联网架构

物联网架构分为三层，分别是感知层、网络层和应用层，如图 3-4 所示。

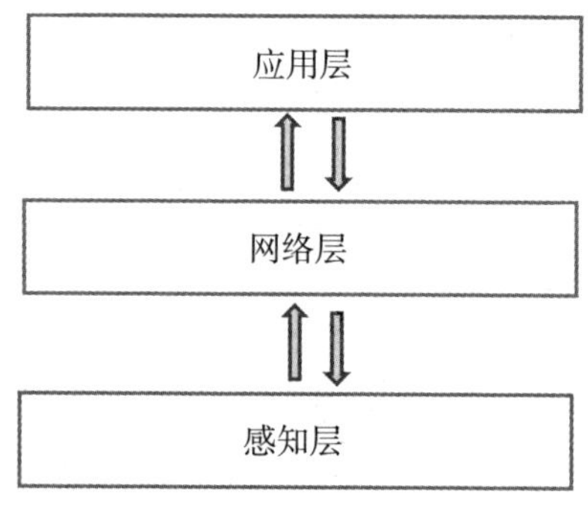

图 3-4 物联网架构

1. 感知层

在物联网的架构中，感知层是数据收集的前线，也是智能化处理的第一步，这一层的作用至关重要，因为它直接与现实世界互动，捕捉各种环境信号，将现实世界的物理现象转换为数字信息。感知层的设备种类繁多，包括温度传感器、压力传感器、位置传感器、速度传感器、振动传感器、音频传感器和视频传感器等。这些传感器可以是有线或无线的，以适应不同环境和需求。例如，在工业应用中，振动传感器可以用来监测设备的运行状态，从而预防故障和延长设备寿命；在环境监测中，温度传感器和压力传感器可以监测气候变化和环境变化。

RFID 技术在感知层中也扮演了关键角色，它通过无线电波识别和跟踪标有电子标签的物品。RFID 系统由标签和读取器组成，标签中的一维码和二维码广泛用于商品跟踪和个人身份验证，它们利用图像扫描设备读取信息，简单且成本效率高；读取器可以将收集到的数据通过网络传输，实现物品的实时跟踪和管理。

感知层的技术创新主要体现在智能传感器的发展。智能传感器是数据采集点，还集成了数据预处理和初步分析功能，能够在数据传输前对信息进行筛选和优化，减轻了网络传输的负担和后端处理的压力。例如，某些智能传感器可以在本地完成异常检测，而且只有在检测到异常情况时才发送数据，这样做既节省了能源，也提高了系统的反应速度和可靠性。红外感知系统和电子芯片技术也在感知层中发挥着重要作用，红外感知系统广泛应用于安全监控和运动检测中，而电子芯片则可以嵌入设备中，为设备提供智能功能，如交互和自我诊断，这些技术的结合和协同工作，扩展了物联网系统的功能，使其能够在更广泛的场景下进行更复杂的任务和更高级的数据处理。因此，物联网的感知层不只是简单的数据收集工具，更是一个高度复杂和动态的技术集合，它利用高级的传感器和智能处理技术，将物理世界的复杂现象转换为可用的数字信息，为物联网系统的其他层次（如网络层和应用层）提供支持。

2. 网络层

在物联网的架构中，网络层（或传输层）的功能是至关重要的，承担着数据的接入和传输任务，确保信息从感知层向应用层的流畅传递。这一层次的设计应能够处理从短距离到长距离的数据传输需求，同时需要适应不同的通信环境和应用场景。因此，网络层的构建涉及多种网络技术和通信协议，从有线到无线，从局域网络到全球网络，每种技术都有其特定的应用和优势。物联网网络层主要包含以下几种网络。

（1）短距离有线网络

短距离有线网络包括局域网（Local Area Network, LAN）和现场总线（Fieldbus），提供了在较小地理范围内的高效数据通信解决方案。局域网在家庭、学校和企业环境中常用于连接各种计算设备，如电脑、打印机和存储设备。现场总线在工业控制系统中允许工业设备如传感器、执行器间的即时通信。

（2）短距离无线网络

短距离无线网络包括各种个人和局域无线网络技术，如蓝牙、ZigBee、RFID，以及更广阔的无线城域网。这些技术能够支持从个人设备到城市范围内的通信需求。例如，蓝牙和 ZigBee 非常适合在家庭自动化系统中进行设备间的短距离无线通信，而 RFID 技术则广泛应用于物流和零售业，实现商品的快速跟踪和管理。

（3）长距离有线网络

长距离有线网络如互联网和公共交换电话网络（Public Switched Telephone Network, PSTN），构成了全球范围内的通信骨干。互联网使用了 IPv4 和 IPv6 协议，庞大的网络基础设施连接了世界各地的数十亿台计算机和设备，是信息时代不可或缺的基础设施。

（4）长距离无线网络

长距离无线网络特别是蜂窝网络及其代表技术 4G 和 5G，正在快速改变人们的通信方式。蜂窝网络覆盖广泛，可以支持从文本消息到高清视频通话的各种数据服务。4G 技术已经在全球范围内广泛部署，提供稳定的高速数据服务；而 5G 技术则以其更高的速度和更低的延迟，推动了新一代的网络服务，如增强现实（Augmented Reality, AR）、虚拟现实（Virtual Reality, VR）以及物联网等先进应用的发展。

这些网络技术的组合和互操作性是物联网成功实施的关键，因为它们确保数据可以在不同设备和平台之间安全、高效地传输。与此同时，网络层的优化和创新，如网络切片、软件定义网络（Software Defined Network, SDN）和网络功能虚拟化（Network Functions Virtualization, NFV），都在不断提高物联网的性能和灵活性，使其能够更好地服务于日益增长的智能设备和应用需求。这种多层次、多技术的集成使物联网网络层不仅是数据传输的管道，还是一个智能、高效和可扩展的通信网络体系，为实现全球范围内的智能互联提供了坚实的基础。

3. 应用层

物联网的应用层，或称为处理层，是一个复杂且功能丰富的层次，专注于数据的高级处理和应用服务的提供，它的效能直接影响物联网系统的实用性和效率，因此，对于这一层的设计和实施有着极高的要求。应用层主要涉及数据的收集、存储、加工及分析，应根据不同行业的具体需求提供定制化的解决方案。随着物联网设备数量的增长，数据流量也随之急剧增加，为了有效管理和处理这些庞大的数据集，可以使用云计算技术。云计算平台提供了强大的计算资源和存储能力，可以迅速地处理和分析智能设备的数据，更重要的是，其还能实现数据的实时分析和即时反馈。在云计算的帮助下，物联网的应用层可以实现多种服务模式，包括软件即服务（SaaS）、数据即服务（DaaS）、平台即服务（PaaS）和基础设施即服务（IaaS）。这些服务模式各具特点，为物联网的不同需求提供了灵活的解决方案。例如，SaaS 为用户提供全新的软件应用方式，即借助互联网使用软件，而无须关心底层硬件和软件的维护和升级；DaaS 的作用是使数据存取和分析更为便捷和高效，无论用户在何处都能通过网络访问到所需的数据；PaaS 提供了一个平台，允许用户开发、运行和管理应用程序，而不必建设和维护底层的硬件和软件架构；IaaS 则提供了虚拟化的计算资源，如服务器、存储和网络资源，用户可以根据需求进行动态配置。

二、云计算技术

（一）云计算的定义

云计算是现代信息技术中的一项核心技术，它通过网络（通常被形象地称为“云”）来提供计算资源和数据处理服务。这就意味着大规模的数据计算处理不再依赖单一的计算机或服务器，而是将复杂的计算任务分解为数不清的小程序，这些小程序分布在全球范围内的服务器上并行处理，最终将处理结果迅速返给用户。云计算的基本思想源于早期的分布式计算，目的是解决大规模计算任务的分发和结果合并问题。在发展初期，云计算与网格计算有着密切的关联，两者都是利用网络连接的大量计算资源来执行任务，以提高计算效率。然而，随着技术的进步，云计算已经超越了传统的网格计算，形成了一套更为完善的服务模式，即云服务。

云计算有广义和狭义之分，狭义上的云计算专注 IT 基础设施的提供，包括硬件（如服务器、存储设备）、平台（操作系统、数据库管理系统）和软件（应用程序）。这些资源位于远程的数据中心，通过互联网连接，形成一个虚拟的“云”，用户可以根据需要随时访问这些资源，无须自行购买和维护物理设备，有效降低了企业的资本开支，增加了运营的灵活性。广义上的云计算则扩展到了更多类型的服务交付，不仅包括 IT 和软件服务，还涵盖互联网相关服务以及其他任何形式的服务，如大数据分析、人工智能、机器学习等，这种服务模式使云计算的应用场景极其广泛，能够支持从简单的数据存储和备份到复杂的数据分析和计算密集型任务。但无论是狭义上还是广义上，云计算始终代表一种现代化的技术服务交付模式，这种模式彻底改变了传统的 IT 基础设施和服务的获取、使用和管理方式。

云计算的优势在于其灵活性、可扩展性和成本效益，用户可以根据需要访问任意数量的资源，无须提前投资大量的硬件设备，这种“按需使用”的模式极大地减少了企业的资本支出，并允许企业快速适应市场变化。而且，由于资源的集中管理和优化，云计算还可以提高能源效率，降低运营成本。安全性也是云计算中的一个重要议题，虽然人们早期存在对于数据安全和隐私的担忧，但随着技术的成熟和严格的安全标准的实施，多数云服务提供商都采用了高级的加密技术和多层安全措施，以确保数据的安全性和完整性。随着物联网、人工智能和大数据等技术的融合，云计算的应用前景更加广阔，改变了数据存储和计算的方式，推动着全球向数字化、智能化的转型。

（二）云计算的特点

1. 超大规模

“云”架构是现代云计算服务的基石，它为用户提供了计算能力和存储空间，这也意味着其具有超大规模。Google、Amazon、IBM 和微软这样的技术巨头在全球范围内部署了数以百万计的服务器，这些服务器网络形成了庞大的数据中心，构成了他们提供云服务的基础设施，支持从数据存储、复杂计算到人工智能、机器学习等各种服务。即使是规模较小的企业私有云，通常也配备有数百到数千台服务器，来支持企业运行复杂的业务应用程序、进行大数据分析和处理重要的商业信息。私有云的部署还允许企业对数据访问和安全性有更高的控制权，适合需要严格数据合规和安全保护的业务场景。在个人层面，超大规模的云计算平台使个人用户能够执行以往无法想象的计算任务，用户也无须自行建设和维护昂贵的物理硬件设施，就可以利用这些强大的远程服务器资源，按需进行各种操作和处理。

2. 虚拟化技术

虚拟化技术是云计算中的核心组成部分，云计算借助虚拟化技术可以将物理服务器抽象化，将其转化为多个独立的虚拟机，每台虚拟机都可以运行不同的操作系统和应用程序。这种技术允许多个用户共享同一台物理服务器的资源，而互不干扰，提高了硬件的使用效率。用户利用虚拟化技术，可以在全球任何地点、使用任何网络连接的设备（如笔记本电脑、智能手机或平板电脑）访问存储在云中的资源和应用，这种无须了解后端运行细节的便捷性，简化了用户的操作和管理过程。而且用户无须关心应用程序运行的物理位置，也无须担心硬件维护、升级等问题，所有这些都由云服务提供商在后端处理。虚拟化技术还支持即时计算资源的扩展和缩减，使用户能够根据实际需求动态调整资源。例如，当需要进行大规模数据分析或高性能计算时，用户可以临时增加计算能力，而在任务完成后，用户又可以将资源规模缩减回原来的状态，实现成本的最优化。

3. 可扩展性

云计算的可扩展性允许用户根据实际需求灵活地增加或减少资源和服务，无须担心底层硬件的限制。这一特性对于快速适应市场变化、扩展新业务或应对突发事件至关重要。云计算的可扩展性体现在多个方面。首先，在硬件故障或系统负载增加的情况下，云计算平台能够自动调配额外的资源以确保服务的持续和稳定，这意味着即使某个服务器出现故障，云计算平台仍可以迅速将任务迁移到其他健康的服务器上，保证用户的计算任务不会中断，从而实现高可用性和确保业务连续性。其次，云计算平台支持动态资源管理，用户可以在几分钟内启动或停用数以千计的服务器实例。这种快速部署的能力使企业能够在需要时迅速扩展计算能力，支持业务高峰，或者在不再需要额外资源时迅速缩减规模以节约成本。最后，云计算的可扩展性还表现为支持各种规模的业务发展，无论是小型企业还是大型企业，云平台都能提供符合其业务规模和需求的资源。换言之，企业可以从小规模开始，随着业务增长逐步扩大其在云上的资源使用，而这一过程不再需要复杂的前期投资和时间消耗。

4. 通用且可靠

云计算的通用性允许用户在同一云平台上构建和运行各种各样的应用程序，这种灵活性源于云计算架构的设计，支持多种编程语言、框架和技术栈，而且能够同时服务于多个应用，无论这些应用的规模大小或类型如何。云平台的高可靠性则是通过多种技术实现的，包括数据多副本容错，这意味着数据会在多个地理位置保存多份副本，以防单点故障导致数据丢失。计算节点的同构性和可互换性也确保了在任何节点故障时，其他节点可以无缝接管任务，保持服务的连续性和可用性。因此，使用云计算不仅能提供更广泛的应用部署可能性，而且比依赖本地计算机的传统方法更为可靠，大大降低了业务运营的风险和维护成本。

5. 按需服务

云计算的核心概念在于资源的集中化和自动化管理，这意味着在这个由数据中心构成的庞大资源池中，计算力、存储空间、网络带宽及各种应用服务等物理和虚拟的资源被集中管理，用户毋须了解后端的复杂配置，只需要通过简单的界面就可以启动、管理和终止服务。这种自动化的资源管理方式使用户可以按需分配资源。资源的弹性分配和计费模式类似水、电、煤气等公共资源的使用，用户按实际消耗付费，而非传统的固定费用，降低了企业和个人用户的经济负担，也提高了资源的使用效率。更重要的是，云计算使各种规模的企业，甚至个人开发者，都能够访问到先前只有大型企业才能访问的高级计算资源。这种平等化的资源获取方式，促进了创新和创业活动，因为小公司和个人开发者可以快速测试和部署他们的应用，而不用大量的初期投入。

三、大数据技术

（一）大数据的定义

提及大数据，人们总会想到“数据”这一传统的概念，两者之间的区别虽然只有一个“大”字，但并不代表两者的区别仅仅停留在数量上，更多的是在于数据的类型和处理方式。在传统的数据处理中，数据通常以结构化的形式存在，如数据库中的表格，其中包括固定格式的列和行，这种数据的处理通常依赖预定义的模式和算法，如 SQL 查询。大数据则在结构化数据的基础上引入了半结构化和非结构化数据的概念。半结构化数据虽然不符合严格的结构化数据模型，但仍带有一定的组织属性，如 XML、JSON 等格式的数据，它们保留了数据的层次性但不符合传统的数据库模型。非结构化数据，如文本、图片、音频和视频文件，通常不包含任何明确的内部结构，处理这类数据需要更复杂的技术，如自然语言处理、图像识别和机器学习技术。这些数据的多样性也带来了处理上的挑战，因为传统的数据处理工具往往无法有效地处理非结构化或半结构化数据，而大数据技术的发展就是为了应对这一挑战，如 Hadoop 和 NoSQL 数据库就是为了高效处理和存储大量的非结构化数据而设计的。因此，可以这样定义大数据：大数据是指无法在可承受的时间范围内用常规软件工具进行捕捉、管理和处理的数据集合，是需要最新处理模式才能具有更强的决策力、洞察力和流程优化能力来适应海量、高增长率和多样化的信息资产。

（二）大数据的特征

大数据具有“5V”特征，即 Volume、Velocity、Variety、Veracity、Value，具体表述如下。

1.Volume（数据体量大）

在现代信息技术的背景下，数据量的增长已经到了前所未有的规模。企业和机构不仅仅是在处理几个 gigabytes（GB）的数据，还是在处理 terabytes（TB）、petabytes（PB）甚至 exabytes（EB）和 zettabytes（ZB）级别的数据。这种海量的数据来自互联网交易、商业运营、科研活动、社交媒体、物联网设备等。处理这些数据需要非常高效的技术和架构，如分布式系统和云计算平台，以便能够存储、管理和分析这些庞大的数据集。

2.Velocity（处理速度快）

随着数据生成速度的加快，大数据技术需要非常快的速度来处理和分析这些数据，以满足实时性需求。例如，金融市场分析、网络安全监控、在线广告投放和智能交通系统都要求数据能够被快速处理并作出即时响应。随着物联网和移动设备的普及，从传感器到智能手机等大量设备产生的数据也需要实时处理，以提供即时的服务和决策支持。

3.Variety（数据种类多）

大数据包括传统的结构化数据以及大量的半结构化数据和非结构化数据。例如，文本数据、社交媒体帖子、电子邮件、视频、音频和图片等，这些数据都是在不断的日常活动中产生的。这种多样化的数据来源要求大数据技术既能处理结构化数据，还能有效地处理和分析半结构化和非结构化数据。对这些数据的整合和分析能够帮助企业更好地了解市场趋势、消费者行为和运营效率，从而作出更加精准的业务决策。

4.Veracity（数据的可信度高）

大数据的可信度，即数据的准确性和可靠性，对于保证分析结果的有效性至关重要。由于数据来源多样化和采集过程的复杂性，数据质量可能参差不齐，包括噪声、异常值和不完整性等问题。因此，确保数据的质量，提高数据的真实性和可信度，是大数据管理中的一项重要任务。使用先进的数据清洗技术、数据校验方法和复杂的数据融合算法，可以有效提高数据的可用性和可信度，从而为决策提供坚实的数据支持。

5.Value（数据的价值高）

大数据的最终目的是从庞大而复杂的数据集中提取有价值的信息，并转化为可操作的见解。数据的价值不仅仅体现在其直接的经济价值上，更在于其帮助决策者作出更精准判断的能力。通过高效的数据分析工具和算法，如机器学习和数据挖掘技术，企业可以从原始数据中提炼出关键信息，发现数据间隐藏的模式和联系，帮助企业优化运营，提高效率，增强竞争力。

第三节　智慧城市为物流智慧化提供的辅助支撑

一、政策层面的支持

（一）政策激励

在智慧城市的构建过程中，政府采取的激励政策对促进智慧物流技术的发展起着至关重要的作用，这些政策主要包括税收减免和财政补贴。税收优惠可以提供实质性的财务支付减免，降低企业在初期采用新技术时面临的经济压力，从而加速数字技术的应用和普及。例如，对于那些引入高效自动化仓储解决方案的公司，可以提供研发税收抵免，减轻企业的研发投入负担。对于采用电动车或氢燃料车辆等环保运输方式的企业，不仅可以减免相关的运营税费，还可以提供购置补贴，鼓励更多企业选择清洁能源。财政补贴则是政府直接向企业提供资金支持，这种补贴可以是一次性的启动资金，也可以是按项目进展阶段性发放的资金，帮助企业覆盖从技术升级到员工培训等相关方面的成本，确保企业能够持续投入智慧物流技术的更新和维护中。这些激励政策不仅可以促进企业技术的升级和环保措施的实施，还可以提高智慧物流的效率和响应速度，降低环境影响，推动整个物流行业技术创新和服务模式的转变，进一步推动智慧城市的可持续发展，建立一个更加智能、高效和环保的物流系统，为智慧城市的全面发展奠定坚实的基础。

（二）公共平台建设

公共平台的建设是智慧城市推进智慧物流的关键措施之一，建立统一的物流信息平台可以降低技术实施的门槛和成本，实现交通、仓储、配送等关键数据的集中管理和共享，为物流企业提供强大的支持。统一的物流信息平台可以允许各个物流企业接入同一系统，实时获取和更新数据，包括但不限于车辆位置、交通状况、仓库库存水平以及配送状态等信息。基于这种方式，平台可以为参与者提供实时的、精确的物流信息，使企业能够基于最新数据作出快速决策，优化物流和配送策略。公共平台还能通过数据分析提供预测信息，帮助物流公司预测可能的延误或瓶颈，提前调整计划以避免潜在的问题。例如，如果某条主要运输路线因为突发事件而中断，平台可以立刻通知所有受影响的企业，并提供替代路线建议，以最小化对配送效率的影响。公共平台还可以作为一个创新的合作平台，促进行业内的协同和合作。在这个平台上，小型物流公司可以与大型企业共享资源，如共用运输工具或仓储设施，不仅可以减少成本，还可以提高资源使用效率。

在建设此类平台时需要考虑到安全和隐私的保护，确保所有数据的传输和存储都符合最高安全标准，以防止数据泄露或未经授权的访问，同时确保所有参与方对如何、何时以及为何目的使用平台上的数据有清晰的指导和约束。

二、规划层面的支持

（一）基础设施建设

在构建智慧城市的过程中，基础设施的建设承担着整个城市智慧化转型的重任。对于智慧物流而言，基础设施建设同样重要，需要根据物流的实际需求进行规划。智慧物流基础设施建设主要涉及传统的物流设施升级，特别是新型技术的融入和利用。为此，在制定城市发展蓝图时需要尽可能地将智慧物流需求整合入整体的蓝图中，确保物流系统的高效与可持续。首先，可以规划专用的物流通道，并进行专门的物流运输设计，以减少货运活动对城市交通的干扰，提高运输效率。这些货运专用道路或车道的设置，还可以明显缓解城市交通拥堵，优化整体交通流动。其次，为了支持现代物流的高效运作，建设配备先进的自动化和信息化设备的智能化货运中心也是必不可少的步骤，能够实现货物的快速分类、存储和转运，提高物流处理能力的同时降低人力成本和错误率。再次，优化交通网络设计对于支持智慧物流同样重要，涉及交通信号系统的智能化升级，利用数据分析和人工智能预测和管理交通流，确保货物运输的顺畅。最后，考虑到未来物流的发展趋势，城市规划还可以考虑支持无人驾驶车辆和配送无人机的运营，包括相应的地面交通规划与空中交通管理系统的建设，确保这些新型运输工具能在安全和效率之间取得平衡。通过这些综合性的措施，智慧城市能够为物流行业创造一个更加高效、自动化和环保的运营环境，提高物流服务质量和速度以及整个城市的运营效率和居民的生活质量。这种前瞻性的城市规划对于实现智慧城市的长远目标至关重要，是推动未来城市发展的关键一环。

（二）打造绿色物流区域

在智慧城市的发展蓝图中，绿色物流区域的规划显得尤为重要，是城市可持续发展战略的一部分，也是应对环境挑战的一个创新解决方案，可以促进人们对环保型物流操作的广泛采用，减少因传统物流活动而产生的碳排放和环境污染。

绿色物流区域的核心特征是支持使用电动车辆和其他清洁能源车辆。在绿色物流区域内的运输工具以电动卡车、电动货车和氢能车辆等车型为主，这些交通工具相比传统燃油车辆，可以显著地降低温室气体排放和空气污染物的排放。而购买补贴、减免电动车辆的税收、建设充电基础设施等措施可以激励企业和个人选择环保车辆。在绿色物流区域，还可以实施一系列低碳运输方式来优化物流操作。例如，改进货物装载效率和优化配送路线，减少不必要的行驶距离和空驶率；利用高级的物流管理软件，企业可以实时跟踪货物流动，减少等待和延误时间，从而减少能源消耗和排放。在绿色物流区域内，可以推广使用可再生能源，如太阳能或风能，为物流设施（如仓库和配送中心）提供绿色能源，可以减少企业对化石燃料的依赖，促进清洁能源技术的发展和应用。

规划绿色物流区域也应考虑到生态保护和绿化措施，如在物流中心和仓库周围种植树木和其他植被，可以改善空气质量，提供自然的温度调节，减少城市热岛效应，为当地居民提供更舒适的环境。

三、教育层面的支持

（一）专业人才培养

在智慧城市的发展中，物流行业扮演着至关重要的角色，而物流行业竞争力的关键基石就是专业人才，这就意味着教育部门可以与物流行业合作，针对智慧物流技术的快速发展和日益增长的复杂性，共同设计和实施有针对性的教育项目和课程。高等教育机构可以开设专门的物流管理与智慧物流技术相关专业，课程内容覆盖传统的物流和供应链管理知识，同时涉及最新的物流技术，如物联网、大数据分析、人工智能，尤其是这些技术在物流中的应用，以及环保和可持续物流实践。这些课程由具有实际行业经验的教师授课，确保学生能够理解理论与实际操作之间的联系。同时，教育机构可以与专业的物流企业合作，为学生提供实习和实训机会，使他们能够在真实的工作环境中应用所学知识，理解行业需求，并培养解决实际问题的能力。这种校企合作模式为学生提供了宝贵的实践经验，也帮助企业发掘和培养未来的人才。

随着物流技术的迅速发展，对于已经在物流行业工作的从业者的继续教育和在职培训同样是必不可少的，持续的职业培训可以帮助现有员工更新他们的技术知识和管理技能，使他们能够适应新技术的应用和行业的变革。这种培训可以利用线上课程、研讨会、工作坊等多种形式进行，以适应不同员工的学习需求和时间安排。为了提高培训的效率，可以使用 VR 和 AR 技术，模拟物流操作的各种场景，如仓库管理、运输调度等，提高培训的趣味性和互动性，还能为员工提供更为安全的训练环境。基于全面而深入的教育与培训体系，能够培养出一支既了解传统物流操作又精通最新技术的专业人才队伍，为智慧城市下的物流行业持续创新和发展提供人才支持，进一步推动智慧城市的整体进步和可持续发展。

（二）专业物流科研

在智慧城市的背景下，科技创新和技术开发对于物流行业的现代化和高效化至关重要，这就意味着应积极投入资源，如支持高等院校和研究机构进行与智慧物流相关的科研活动等，以确保物流行业能够不断适应市场需求和紧跟技术趋势，推动智慧物流发展。还可以利用资金、政策优惠等措施，激励高等教育机构和研究组织主动进行与物流相关的基础和应用科学研究，研究内容可以聚焦于物流技术的各个方面，如自动化和机器人技术在仓库管理中的应用、物联网技术在供应链透明度中的作用、大数据和人工智能在运输优化和预测分析中的应用等。对于物流企业而言，专业的物流科研活动能够加速物流行业的科技创新，迅速解决物流行业面临的提高效率、降低成本和增强系统的可持续性等一系列实际问题。同时，为了保证科研的针对性，高等院校或专业的研究机构应该与物流企业之间展开深度的合作，如合同研究、联合开发项目、实习和实训项目等。在这种合作的背景下，企业可以为学术研究提供实际场景和数据支持，而高校和研究机构则可以提供最新的研究成果和创新解决方案，双方共同加速科研成果的商业化和工业化进程。对于那些在智慧物流领域有潜力带来突破性变革的研究项目，政府可以设立特别基金，为项目研究提供专用资金，同时组织技术展示会、发布会或以研究成果转化平台的形式完成研究成果的推广和应用。基于这样的研发支持，智慧物流领域的科研活动可以得到有效推动，新技术和创新方法也可以不断出现，极大地推动智慧物流的发展，使其成为智慧城市不可或缺的一部分，最终实现更加高效、透明和可持续的物流体系。

第四章　基于智慧城市的智慧物流系统

第一节　智慧仓储作业系统

一、智慧仓储概述

（一）仓储的概念

仓储，从字面意思上可分为“仓”和“储”。“仓”和“储”这两个字在汉语中都与存放物品有关，但也有各自独特的含义和使用场景。“仓”原本的含义为“收藏谷物的建筑物”，现在的引申义为仓库，是指专门用于存放、保管物品的场所。这类场所的形式多样，可以是传统的库房，也可以是开放的货棚或货场，甚至包括洞穴或大型容器等特殊结构。但无论形态如何，仓库的主要功能都是保护存放的物品不受损害。“储”则更侧重储存和储备的动作，涉及收集物品并将其保存以备未来使用，强调的是一个过程，可能涉及对物品的分类、记录和定期检查，确保其保持良好的状态。换言之，“储”不仅涉及简单的存放，还包括后续的管理和维护，以确保物品在需要时能够被有效利用。在现代汉语中，“仓储”这个词组经常被用来概括上述两个概念，是指从物品的接收、存放到最终的使用或销售的整个过程和相关设施，在物流和供应链管理中尤为重要，涉及物理空间的管理以及与之相关的信息管理和资源配置。

仓储作为物流链中的一个重要环节，在整个供应链管理中起到了关键的作用。国家标准《物流术语》（GB/T 18354—2021）中也明确规定了仓储管理的定义，是指对仓储及其相关作业进行的计划、组织、协调与控制。因此，仓储还涵盖了广泛的信息处理工作，包括物品追踪、库存数据更新、运输安排等。信息处理的自动化和数字化是现代仓储管理中不可或缺的一部分，利用先进的信息技术支持整个供应链的高效运作。高效的仓储管理，可以提高供应链的响应速度和服务质量，为上下游企业创造更大的经济价值，同时提高客户的满意度。这种多功能的仓储操作，是连接生产、流通与消费各个环节的重要桥梁。

仓储是指利用仓库及相关设施设备进行物品的入库、储存、出库的活动。显然，仓储作为一项物流活动，不是简单的存放物品，而是一个复杂的物流流程，涉及从物品进入仓库，到最终离开的全过程，其核心是确保物品的有效流通与安全保管。具体包括以下几个方面。第一，物品进出。这是仓储活动的基本要素，涉及物品的接收、检查、登记和最终的发出。第二，库存管理。这是确保仓库中物品数量和状态的关键，系统化的记录和监控可以实现库存的优化，降低风险。第三，分拣和包装。这是仓储中的关键步骤，人们在这一步骤负责将入库的物品按照不同的要求进行分类整理，并根据出库需求进行适当的包装，确保物品在运输过程中的安全，满足客户的具体要求。第四，配送。配送虽然是在物品存储结束后发生的，但是与仓储之间的关系却十分紧密，属于自然衔接，是仓储活动向更广泛物流服务扩展的标志。配送活动包括将处理好的物品发送到最终目的地，通常由配送中心执行，形成高效的物流网络。

随着经济的发展和技术的进步，现代仓储管理已经从传统的以物资保管安全性为核心，转变为更加注重效率和技术运用的高级管理活动。基于先进的软件和管理系统，仓储管理能够实现对物品的实时跟踪和对库存的精确控制。例如，自动化货架、无人搬运车、自动分拣系统等自动化仓库系统可以提高作业效率，降低劳动强度和作业成本；智能传感器和监控设备等智能设备的应用可以实时监控仓库的环境条件，如温度、湿度，确保存储条件符合物品的特定要求，进一步提高仓储管理的智能化水平。智能系统的应用还可以让人们通过数据分析和机器学习预测需求趋势，优化库存水平，缓解过剩或缺货的情况。这种以技术为核心的管理策略，是现代仓储管理向更高效、更智能化方向发展的明确趋势。

（二）智慧仓储的概念

1.智慧仓储的定义

所谓的智慧仓储（Intelligent Warehouse, IW），其实就是仓储的智慧化，是随着数字技术发展兴起的一种特殊的仓储活动，即利用最新的信息技术和管理策略对传统仓储流程进行根本性改造。在智慧仓储系统中，人们利用集成射频识别、网络通信和信息系统应用等技术，实现了仓储管理入库、出库、盘库、移库等多个环节的自动化和智能化，甚至实现了自动数据捕获、自动预警和智能管理功能，成为真正的智慧物流中枢。

智慧仓储的核心在于深度融合物联网技术的现代仓储管理，既实现了高效率，又保证了低成本的运营。仓库中的每一项物资都能被物联网技术精确跟踪，化作实时的数据流通于整个仓储系统，确保信息的透明度和即时性，提高操作的速度和准确性。仓储管理系统（Warehouse Management System, WMS）和仓库控制系统（Warehouse Control System, WCS）也是智慧仓储不可或缺的组成部分，WMS 负责优化仓库的存储布局和库存管理，而 WCS 则更专注控制仓库内部的物流操作，如自动化搬运设备的调度。这两个系统的协同工作，使仓储操作更为流畅，减少了人为干预，提高了整体的效率，减少了错误率。智慧仓储还强调数据的重要性，人们对仓库操作数据进行实时收集和分析，可以发现潜在的问题和改进点，从而不断优化流程，甚至可以预测市场需求，调整库存水平，避免过度库存或库存不足的情况。

2. 智慧仓储与传统仓储的区别

智慧仓储是传统仓储的智慧化转型，两者的区别如表 4-1 所示。

表 4-1 智慧仓储与传统仓储的区别

项目		传统仓储	智慧仓储
不同点	存储设备	静止状态的货架	可移动式货架
	搬运设备	手推车、叉车等	AGV 仓储机器人等智能设备
	拣选方式	“人到货”作业模式	“货到人”作业模式
	拣选人员	根据订单，扫描枪等信息在拣选区寻找货物	等候在工作站旁，由人工进行拣选作业
	应用系统	WMS	WMS+WCS
相同点	原则	将相关性强的商品就近存储，出库率高的靠近出入口处存放	
	目的	缩短拣选路程，减少拣选时间，提高作业效率，减少仓储成本	

3. 智慧仓储的优势

智慧仓储技术从根本上改变了仓库管理的传统方式，其优势具体表现在以下几个方面。

（1）信息化和效率提高

智慧仓储能够有效地利用信息技术，如物联网、大数据和云计算，来优化仓库作业流程。这种技术使仓储任务的分配和执行更加高效，可以实时监控库存状态，自动更新库存，并实时优化货物的存放位置和拣选路线。这些信息化操作相比传统的人工操作减少了人力需求，降低了物力消耗，还为管理层提供了数据支持的决策依据，提高了整体仓储运营的效率和响应速度。

（2）增强人机交互

智慧仓储设备如自动化拣选机器人、自动叉车等，改善了工作人员与仓储设备之间的交互体验。这些设备的使用减少了人为操作的必要性，降低了人为错误，提高了操作的准确性，工作人员也可以集中精力进行更复杂的任务。同时，这些设备还能提高仓库操作的安全性。

（3）智能优化和成本节约

基于智能优化算法和控制技术，智慧仓储保证了作业效率，还能有效节约能源和成本。智能系统能够根据实时数据和预测模型对仓储设备、人力和物力进行最优配置，减少能耗，合理控制库存，降低整体运营成本。

（4）信息流通与供应链整合

智慧仓储增强了仓储信息的流通性，与供应链上下游的整合更加紧密。基于互联网和云平台，仓储信息可以实时共享给供应链的其他参与者，如供应商、分销商和零售商，实现信息的透明化和即时更新。这种无缝连接确保了供应链各环节的高效协同工作，加快了物流速度，提高了整个供应链的灵活性和市场适应能力。

（三）智慧仓储体系的构成

智慧仓储体系是一个高度集成的系统，由智慧仓储信息系统、智慧仓储控制技术和智慧仓储管理三大部分构成。这个体系除了能实现对信息的智能感知、处理和决策，还可以对仓储设备进行精确的智慧控制和调度，全面提高仓库的运作效率和准确性。

1.智慧仓储信息系统

智慧仓储信息系统是智慧仓储体系的核心，由仓储管理系统、仓储控制系统以及智能设备系统构成，是一个高度自动化和智能化的管理平台。这些系统相互协作，既提高了仓库运营的效率和精确性，也为企业管理带来了新的视角。

（1）仓储管理系统

仓储管理系统的功能非常广泛，它覆盖了入库、出库、移库管理、库存盘点、仓库整体管理和库存统计等各个方面。基于精确的库存控制和优化的物流流程，WMS能够有效追踪每一个物品的流向，确保信息的准确性和库存的适当水平。WMS的另一个重要功能是与企业资源计划（Enterprise Resource Planning, ERP）、物资需求计划（Material Requirement Planning, MRP）和仓储控制系统等其他企业管理软件系统进行集成。这种集成性增强了数据共享与流通的能力，提高了决策的速度和精度。

（2）仓储控制系统

仓储控制系统是连接物理操作与信息系统的关键桥梁。WCS主要负责协调和控制仓库中的各种自动化物流设备，如输送机、堆垛机、穿梭车、机器人和自动导引车等。WCS的任务引擎和消息引擎能够优化任务分解和执行路径分析，实现实时的任务调度和指令优化，确保仓库中的物流活动高效、顺畅地进行，还可以实时监控设备状态，迅速响应设备故障，及时调整作业策略，减少停机时间，提高整体作业效率。

（3）智能设备系统

智能设备系统是智慧仓储中实现物理操作自动化的核心部分。这些智能设备能够根据WMS和WCS的指令自动执行各种仓储任务，从简单的物品搬运到复杂的物流排序和优化存储空间。智能设备的应用不仅提高了作业速度和精确度，还降低了人工成本，减少了操作失误。

基于WMS、WCS和智能设备系统构建的智慧仓储信息系统，编制了一个高效、可靠且灵活的仓储管理网络，能够优化日常操作，预见和适应未来的变化，使企业在竞争激烈的市场环境中保持领先地位。基于这种高度的集成和智能化，智慧仓储体系能够有效地支持企业的长期发展，优化供应链，实现更高的客户满意度和更低的运营成本。

2. 智慧仓储控制技术

智慧仓储控制技术是现代仓库管理系统中的关键组成部分，主要包括物联网技术、仓储机器人、智能算法和智能控制技术，可以极大地提高仓储操作的自动化、智能化和效率。例如，物联网技术为智慧仓储系统提供了基础架构，其在仓库中部署 RFID 标签、读取器和温湿度传感器等传感器和追踪设备，使仓储系统具备强大的信息感知、数据传输和信息处理能力，如实时收集和传输仓库内的各种信息，包括库存水平、物品位置、环境条件等，为管理系统提供实时数据支持，确保数据的精确性和操作的及时性。智能仓储机器人的应用是智慧仓储自动化的核心，自动导引车、自动移动机器人、堆垛机器人等仓储机器人能借助先进的导航系统自动执行货物的搬运、拣选和存放等任务，也能与其他机器人协调作业，实现高效的多机器人作业，提高作业效率和速度，降低人工成本和错误率。智能算法是智慧仓储系统的大脑，负责处理大量的仓储信息并优化决策过程，尤其是机器学习、深度学习、优化算法等，能够分析历史数据和实时数据，预测需求趋势，优化库存管理和货物流动策略。智能算法的动态适应性是当前研究的焦点，旨在使系统适应不断变化的环境和需求，实时调整操作策略，以实现最优的资源分配，提高操作效率。智能控制技术可以实时监控设备性能和环境条件，使设备更好地适应复杂的工作环境和变化的工作需求，甚至自动调整设备操作，如速度、路径和任务分配，确保设备在最佳状态运行，从而提高设备的操作效率和安全性，延长设备的使用寿命。

3. 智慧仓储管理

智慧仓储管理主要体现在智能分仓、智能货位布局、仓储动态分区和资源匹配与路径规划管理四个方面。

（1）智能分仓

智能分仓是利用大数据和先进的信息技术，对仓储网络进行优化和智能化管理的一种方法，它利用实时共享的云存储系统，结合精确的供应链计划，实现货物的高效调度和存储，从而提高整个物流网络的响应速度和服务质量。

在智能分仓的实现过程中，首先，物流企业会根据具体商品的特征（如大小、重量）以及商品与客户的地理距离来进行智能路由的选择，这种路由选择考虑了运输的最优路径和线路，确保货物以最短的时间和最低的成本被运送到客户手中。智能路由系统也能够动态调整路径，以应对突发事件或交通变化，保持运输效率。其次，智能分仓系统会根据履行成本综合考量，选择最合适的调度方案，从而在保证物流服务质量的同时，优化资源配置和成本效率。再次，智能分仓系统会通过一个集中的平台，调度各类物流资源和服务商，实现资源的最佳匹配和利用。这一平台集成了各类信息，如库存数据、物流能力、运输状态等，使调度过程更加透明和高效。最后，智能分仓系统会将所有操作和数据记录下来，并实时更新到供应链管理平台，这不仅可以持续优化供应链的运作，还能通过精准的销量预测和需求分析，进一步优化仓储选择和品类规划。例如，将商品推送到离消费者最近的仓库，能够大幅缩短交货时间，减少运输成本，提高客户满意度和市场竞争力。

（2）智能货位布局

智能货位布局是现代仓储物流管理中一个至关重要的环节，旨在优化货物存放位置，最大化库存空间的利用效率，提高出库效率。这一过程需要考虑多个关键因素，如物动量 ABC 分析、相关度、类似与互补法则、相容性、先进先出原则、叠高法则、重量特性、面向通道以及产品尺寸法则等。根据 ABC 分析，高频率出库的 A 类物品应放置在最便捷的位置，而低频率出库的 C 类物品则可以放在较远的地方；将经常一起出库的相关物品放置在相近位置，可以节约拣选过程中的移动时间；考虑物品的相容性，确保化学和物理特性相容的物品相邻存放，降低安全风险；采用先进先出的方法管理保质期商品，合理使用垂直空间进行叠高存放，并考虑重物应放在容易搬运的低层位置；根据物品尺寸和操作频率调整其面向通道的方式，以提高存取效率。实施这些智能货位布局原则，可以提高空间利用率和操作效率，降低成本，提高客户满意度，增强市场竞争力。

（3）仓储动态分区

仓储动态分区是一种高效管理仓库订单流和空间利用的策略，其利用实时动态分析订单分布，能够优化仓库空间和资源使用。在没有合理的订单分区调度系统下，仓库可能会遇到订单热度不均、产能分布不均等问题，导致某些区域产能暂时跟不上需求，或者某些区域过于拥挤，影响整体的出库效率。基于应用分区技术，仓库管理系统可以动态地划分逻辑区域，根据实时订单和流量数据调整区域功能和大小，以实现产能的均衡分配。这确保了设备资源的最大化利用，避免了物流拥堵和延误，大大提高了仓库的整体运营效率和响应速度。动态分区还有助于人们进行更精确的库存管理和更快速的订单处理，使仓库灵活应对不同的运营挑战，保持高效和竞争力。

（4）资源匹配与路径规划管理

在现代仓库管理系统中，资源匹配与路径规划管理是确保高效运营的关键，特别是当仓库管理系统从企业资源计划系统中接收到客户订单后，它需要采用生产调度运筹优化模型，不仅要建立起仓内货架、拣选设备和出货口之间的供需最优匹配关系模型，还要合理安排作业任务，确保整个仓库的出库效率最大化。这一过程涉及复杂的数据分析和实时决策，目的是优化货物流动，减少等待时间和移动距离。作业设备在接收搬运指令后，需要快速且准确地将货物送达指定目的地。为此，仓库管理系统需要规划出最优的搬运路径，避免搬运设备之间的交叉和拥堵。基于智能算法和数据分析，现代仓库能够应对各种复杂场景，灵活调整资源配置和作业策略，确保在各种操作条件下都能保持流畅和高效的仓库管理。这种集成的资源和路径规划策略，是现代物流和供应链管理不可或缺的一部分，能够使企业在竞争激烈的市场中保持领先地位。

二、智慧仓储作业系统实践

（一）智慧仓储作用系统的作业模式

1.“订单到人”作业模式

“订单到人”（Order To Person, OTP）作业模式是一种高效的现代仓储操作方式，它主要使用自动导引车来优化仓库的拣货流程。在这种模式下，仓库被划分为不同的区域，每个区域配备拣货员和机器人，机器人负责将带有订单箱的拣货车运送到指定的拣选工作站，实现高效的“订单找货”过程。此作业模式的核心在于使用 AGV 代替传统的人力搬运，AGV 根据调度系统的指令获取拣选任务，然后自动导航到相应的拣货点，拣货员在其负责的巷道进行拣货操作，将商品从拣选车分拨到拣货车中，完成拣货后，AGV 再将拣选车搬运至下一个工作站。以此类推，直至完成所有订单的拣货作业。

“订单到人”作业模式的优势在于缩短了拣货员的移动距离，同时通过实时数据和动态调度来优化资源使用，这种灵活性使仓库能够有效应对订单的高峰时期，保持持续的操作效率。例如，某个区域的 AGV 运力不足，系统可以根据实时数据快速调整工作站的分布和 AGV 的数量，实现热点区域的动态流量调度。基于“订单到人”模式，仓库可以提高拣货速度，还能降低员工疲劳程度，降低错误率，提高整体的作业质量。这种模式支持仓库管理系统在技术上的进一步升级，如集成更高级的机器学习算法和人工智能，以实现更加智能化和自动化的仓库管理。这些技术的融合提高了仓库的处理能力，为企业带来了更高的经济效益和市场竞争力。

2.“货架到人”作业模式

“货架到人”（Goods Shelf To Person, GSP）作业模式是一种高效的自动化仓库操作方式，这种方式是使用自动导引车搬运整个货架至拣选员的工作站，从而实现物料拣选过程的优化。“货架到人”模式特别适合处理小件、规整、非重型商品的拣选任务，尤其适用于商品种类繁多且寻找难度较大的情况，除此之外，这种模式还适合处理订单数量少、复拣率低的商品，会使操作更为高效。

在“货架到人”作业模式中，AGV 扮演了至关重要的角色，机器人在接收来自调度系统的指令后会根据指令将需要拣选的货物从存放区安全、稳定地搬运至拣选工作站，拣货员可以直接在工作站从货架上取下所需商品，完成拣选和分拨任务。任务完成后，AGV 会将空货架驮回存放区或搬运至下一个需要的拣选站点。尽管“货架到人”模式大幅提高了拣选效率并缩短了拣货员的移动距离，但它也存在一些局限性，如货架高度受限和仓库空间利用率相对较低，而且，由于 AGV 在搬运过程中需要确保稳定性，不适用于搬运重型物品。

3.“料箱到人”作业模式

“料箱到人”（Bin To Person, BTP）作业模式在现代物流与仓储管理中，是指利用自动导引车将配件类或重型物品的料箱直接搬运到固定的工作台，从而实现高效拣选作业的模式。这一作业模式既确保了搬运过程的稳定性，又优化了空间利用率，使整个仓库的运作更加高效和流畅。

在“料箱到人”作业模式中，AGV 在执行任务时可以根据需求叉举相应的料箱，并将其准确无误地送到工作站。在工作站，操作员可以对料箱中的商品进行拣选、检查或其他必要操作，操作完成后，AGV 会将料箱安全地拖放回空置的货位，为下一轮操作做好准备。这种循环系统可以有效提高拣选效率，缩短员工在仓库内的移动距离，降低劳动强度。尽管“料箱到人”模式带来了许多操作上的优势，如稳定性和空间的高效利用，但它也对仓库的内部结构和管理系统提出了高标准化的要求。“料箱到人”模式的实施需要前期大量的资金投入，涉及自动化设备的采购、安装以及系统的配置。仓库的后期改造或升级成本也相对较高，因为一旦建立了基于特定技术的仓库管理系统，任何改动都需要进行大规模的技术调整和资金支持。因此，采用“料箱到人”作业模式的企业必须进行周密的规划和成本效益分析，确保投资能够带来长期的运营效益。

4.“AMR 订单到人”作业模式

AMR 是 Autonomous Mobile Robot 的缩写，“AMR 订单到人”作业模式代表了仓库物流自动化的最新进展，是集高级环境感知能力、动态决策规划、行为控制与执行等功能于一体的综合系统。这种自主移动机器人技术显著提高了仓库操作的效率和灵活性，使物流处理更加精准和快速。

在“AMR 订单到人”作业模式中，操作的核心是机器人的自主导航和智能决策能力。不同于传统的 AGV，AMR 不依赖磁条或二维码进行路径导航，其使用内置的传感器和相机系统感知周围环境，实时处理复杂的数据，以规划最佳行驶路线并自主避开障碍。这种先进的技术允许 AMR 在仓库内自由移动，并根据实时需求和仓库布局的变化灵活调整路径。机器人接收到调度系统发出的拣货指令后，会依据订单紧急程度、客户类型、最优路径等因素优化任务分配。作业员将货物放置在AMR载物箱中，扫描获取相关任务信息；随后，AMR自主导航至指定储位；作业员依据平板上显示的信息进行拣货，确保每一项货品的储位、数量及类型准确无误，并通过读取RFID标签记录信息；拣选完成的货物存放在载物箱内，AMR继续执行下一个拣选任务，直至所有任务完成，最后自动前往分拣区进行播种作业。AMR系统提供的数据面板能够使管理员实时监控和管理仓库的运营状态，从而实时调整资源分配，优化作业流程。这种模式的实施成本相对较低，不需要为特定设备定制货架或料箱，也无须在仓库地面安装导航二维码，极大地降低了企业初始投资和升级改造的经济负担。AMR具有出色的适应性，无论是在订单量大的高峰期还是淡季，都能维持较高的使用率，有效应对订单的波动。

（二）智慧仓储作业系统工作流程

1. 智慧仓储作业系统入库作业流程

智慧仓储作业系统入库作业流程如图4-1所示。

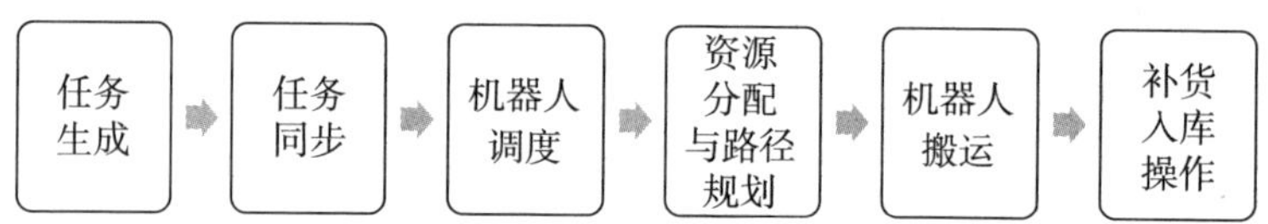

图4-1 智慧仓储作业系统入库作业流程

在AGV智慧仓储环境中，高度自动化的补货入库作业流程大大提高了拣货效率并降低了操作复杂性，详细的作业流程如下。

（1）任务生成

补货入库任务由仓库管理系统或运维运营系统自动创建并下发。这一步骤是整个流程的启动点，能够确保所有入库需求得到及时反映和处理。

（2）任务同步

创建的补货任务会同步到PDA工作站。在这里，工作人员可以实时接收到任务信息，包括需要补货的货架位置、商品信息和数量。这一步骤确保了任务数据的准确性和及时性，为后续操作提供了详细的执行指引。

（3）机器人调度

工作人员可以利用PDA呼叫机器人，令其从货架存储区搬运指定的货架到工作站。在这一过程中，机器人的调度和响应速度至关重要，直接影响整体补货效率。

（4）资源分配与路径规划

运维运营系统在这一步骤负责分配必要的资源，包括绑定机器人和确定货架。同时，系统会根据仓库的当前状态和优化算法，规划机器人运输货架的最佳路径，确保机器人高效、安全地完成搬运任务，避免仓库拥堵。

（5）机器人搬运

绑定的机器人会扛着货架，沿着规划好的路线从存储区移动到PDA工作站。在这一过程中，机器人能够利用先进的导航技术，自主避开障碍，确保货架的稳定和安全。

（6）补货入库操作

货架抵达PDA工作站后，工作人员会根据工作站显示的任务信息，进行精确的补货入库操作。这包括检查货物与订单的匹配度、更新库存信息，并确保货物正确放置。补货完成后，工作人员放行货架，机器人随即将空货架安全地驮回货架存储区。

整个补货入库业务流程使用机器人技术和自动化系统，减少了人力需求，降低了操作复杂性，还利用精细化管理提高了仓库空间的利用率和物流操作的响应速度，提高了仓库的操作效率和准确性。这种流程是现代智慧仓储系统在应对快速变化的市场需求时不可或缺的一部分，有效支持企业实现高效、可持续的供应链管理。

2. 智慧仓储作业系统出库作业流程

智慧仓储作业系统出库作业流程如图4–2所示。

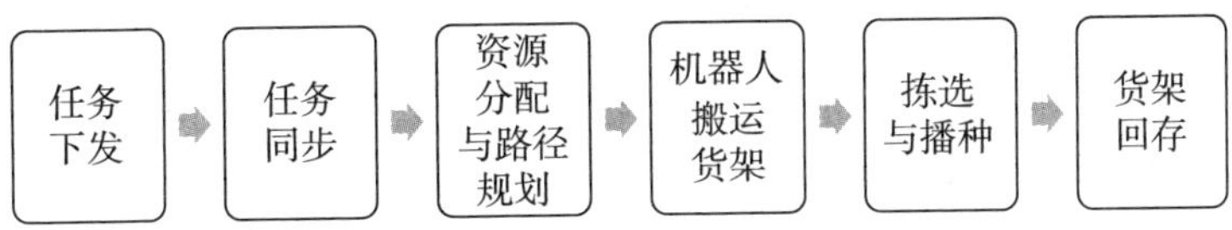

图4–2 智慧仓储作业系统出库作业流程

在AGV智慧仓储环境中，高度自动化的拣货出库作业流程大大提高了拣货效率并降低了操作复杂性，详细的作业流程如下。

（1）任务下发

WMS根据订单需求，下发拣选任务。这些任务会根据货物种类、数量和目的地等信息精确生成，并实时更新。

（2）任务同步

拣选任务会通过网络实时同步到标准工作站的拣选站点。这些工作站配备了先进的显示系统和用户界面，能够使拣货员清晰地看到即将执行的任务详情。

（3）资源分配与路径规划

系统会自动分配资源，包括绑定特定的机器人与对应的货架，并规划机器人搬运货架的最优路径。这一步骤在于确保机器人以最短的时间抵达拣选站。

（4）机器人搬运货架

绑定的机器人驮着货架，沿着预定路径准确无误地移动到拣选站。这里的机器人装备有先进的导航系统和碰撞避免技术，能够在仓库中安全行驶。

（5）拣选与播种

拣货员在拣选站对货架上的商品进行拣选，将商品按订单要求播种到播种墙上。播种墙是专门设计的区域，用于临时存放拣选的商品，直到完成所有相关订单的拣选工作。拣选完成后，拣货员会放行货架，使其可以被机器人带回或移至下一个拣选点。

（6）货架回存

完成播种任务后，机器人会将空货架安全地驮回货架存储区。在这一过程中，机器人会再次利用导航系统避开仓库中的障碍，确保货架和存储区整洁有序。

智慧仓储作业系统的运用提高了拣选效率，减少了人工搬运需求，降低了劳动成本和搬运中的损失或错误，更重要的是这种高度自动化的系统，使仓库可以更灵活地应对订单量的波动，确保高峰期和淡季都保持高效运作。这种智能化的仓库管理系统是现代物流和供应链管理中的关键技术，为企业提供了强大的竞争优势。

第二节　智慧包装、装卸搬运系统

一、智慧包装系统

（一）智慧包装的概念

提到包装，人们总会想到各种各样华丽的外包装，但此处的包装仅仅指物流领域的包装。包装是指在流通过程中保护产品、方便储运、促进销售，按一定技术方法而采用的容器、材料及辅助物等的总体名称，也指为了达到上述目的而在采用容器、材料和辅助物的过程中施加一定技术方法的操作活动。在现代物流系统中，包装主要起到传统的保护作用，而包装设计的创新，能够提高货物附加值、扩大市场影响力。随着物联网、大数据、人工智能以及其他信息技术的应用，物流包装领域经历了一场革命，诞生了所谓的智慧物流包装。

智慧包装的概念源于智能包装技术，这种技术利用集成的传感器、芯片或条码，实现了对产品状态和环境条件的实时监控。这些信息可以通过互联网实时传输给利益相关者，让制造商、物流公司和消费者能够实时跟踪物流状态。这种独特的包装实时追踪在现代物流中发挥着越来越关键的作用，不仅保证了商品在运输过程中的安全和完整性，也提高了供应链的透明度和效率。智能包装还可以利用独特的交互功能向消费者展示详尽的产品信息，消费者可以扫描包装上的智能标签，获取产品的来源、成分、保质期等详细信息，甚至还包括产品的回收或再利用指南。这样做极大地增强了消费者体验，更重要的是间接地提高了消费者的信任感，有助于品牌的市场营销。基于此可以得出，智慧包装是指现代物流运营中为保护产品、感知信息和优化服务，运用数字化与智能化技术赋予产品包装感知、监控、记录、信息传递等功能的包装。

为了更好地理解智慧包装，可以从两个方面入手。第一，智慧包装是指运用新型的环保材料、改进的结构设计与形式，为商品的质量和商品在流通过程中的安全性提供积极的干预和保护，如采用抗震动、温度控制或防潮材料可以显著地减少运输过程中商品的损耗，降低风险。第二，智慧包装是在包装内植入微芯片、传感器或使用 RFID 标签，实现对商品的实时跟踪和状态监控，从而优化包装的管理和运营效率。除了这些技术和物理属性的改进，智慧包装还提供了额外的附加价值。例如，生产商在包装上添加特定组件介绍产品的产地信息和企业的文化特色，既能增加消费者的购买体验，也能提供一种有效的市场差异化工具。

（二）智慧包装的功能

智慧包装作为传统包装的升级，不仅具有传统包装的功能，还具有独特的智慧型功能。

1. 保护商品

对于商品而言，包装最基本的功能就是保护商品在整个流通过程中免受损害，这种防护包括对碰撞或压力造成的物理损伤的防止以及对抗各种环境因素。商品在运输和储存过程中可能会受到各种因素的影响，如温度极端、湿度变化等气候因素，微生物活动等生物因素，以及高温腐蚀等化学因素。包装设计可以使用特定材料和结构来提供必要的保护，进而降低这些风险。例如，对于食品而言，包装除了要防止腐败，保持产品的新鲜度，还要保留食品的口感和香味。商品使用综合防护，能够安全、完整地到达消费者手中，同时维护产品的品质和市场价值。

2. 跟踪与回溯

智慧物流包装会将先进的信息技术应用于包装设计，为每个产品包装赋予唯一的二维码或数字标识，其中包含了产品的生产过程、使用的原料、生产日期和物流路径等基本信息，使这些信息容易被消费者和监管机构访问和验证，极大地增强了商品的跟踪和安全追溯能力。这种可视化和数据化的追溯系统可以帮助消费者更好地作出购买决策，为企业提供保护品牌形象、防止假冒和滥竽充数的有效手段。

3. 质量检测

在现代生产和包装过程中，确保产品质量和安全至关重要，不良包装，包装渗漏、破损或填充不当等可能会在生产线上发生的问题，如果未能及时发现和处理，会导致消费者的不满，使品牌信誉受到损害。一物一码的智能包装系统能显著地提高这一流程的效率和准确性，因为每个产品都会被赋予一个独特的数字代码，企业的检查部门可以扫描这些代码追踪到具体的产品单元，并确定其生产和包装的具体时间和地点。这种高效的追踪系统大幅地节省了质检时间，提高了检测的准确性，使企业能够迅速识别并隔离问题产品，防止其流入市场。一物一码还支持对生产过程的持续优化和质量控制的实时监控，使企业能够在生产早期就识别趋势和模式，从而预防潜在的质量问题，进一步增强消费者对品牌的信任，提高企业的市场竞争力和可持续发展能力。

4. 广告营销

在当今的数字化时代，营销策略的创新对企业的成功至关重要。智慧包装运用互联网和物联网防伪技术，为产品提供了一种新型的数字化营销解决方案。这种包装技术能够保护商品不被造假，还有二维码或 NFC 标签，使包装变为一个互动平台。例如，消费者使用智能手机扫描某商品包装上的标签，即可得到丰富的商品信息，包括生产来源、使用方法、营养成分等，还可以观看相关的视频或动画。这种互动式的信息提供方式增加了消费者的参与感，也使商品信息的传递更为生动和吸引人。企业可以利用这一平台发布最新的产品、促销活动或其他广告内容，直接与消费者沟通。这种方式还为企业提供了收集消费者反馈和行为数据的机会，能够使企业更好地理解市场趋势和消费者需求，优化产品和营销策略。

（三）智慧包装系统作业设备

1. 自动包装流水线

自动包装流水线是现代物流企业中包装工艺高度自动化和效率优化的体现，通常设置自动开箱机、自动装箱机、自动封箱机和自动打包机等设备，能够执行一系列复杂而精确的包装操作——从自动开箱到产品的自动排列、自动装箱，再到产品的装箱检测，以及纸箱的封箱和最终的打包。每一步都经过精心设计，以确保最高效率和操作的精准性。自动包装流水线如图 4–3 所示。

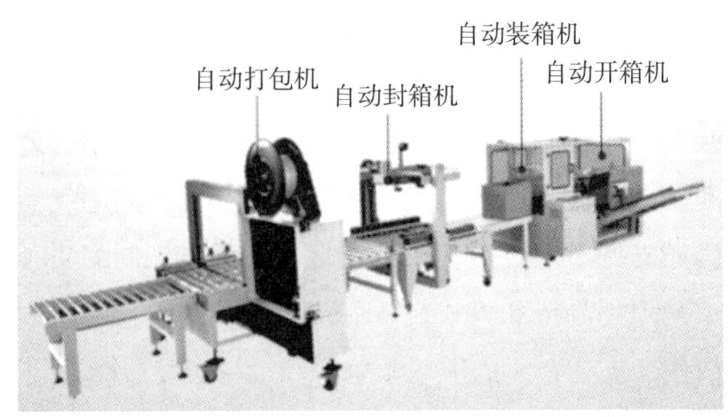

图 4-3　自动包装流水线

自动包装流水线是借助先进的自动化设备将包装机及相关辅助设备与高效的输送系统连接起来，形成一个连贯、高效的生产线。这些设备并不仅仅是物理上的连接，还通过独立的控制装置进行集成控制，使整个包装过程按照预设的包装要求和工艺顺序自动运行。这种自动化的流水线系统大大减少了人工干预，提高了生产效率和包装质量，降低了劳动强度和人工成本。在这样的系统中，工人的工作从单一的包装转变为监视、调整和控制各个环节，确保包装线的稳定运行，这要求操作员具备一定的技术知识和问题解决能力，熟练掌握相关的自动化控制系统。部分物流企业的自动包装流水线还配有自动码垛系统和自动缠绕设备，这些设备的加入，进一步提高了包装流水线的自动化水平，使初级包装及末端整箱包装无缝衔接，极大提高了整体生产线的出货速度和货物的保护性。

随着技术的不断进步和创新，自动包装流水线变得更加智能化和灵活化，能够在配备高级传感器和机器视觉系统的情况下实时监测和分析生产过程中的关键参数，自动识别产品缺陷、包装错误或标签错误，确保符合质量标准的产品流向下一个生产阶段。系统还可以对从传感器和视觉系统中收集的数据进行分析，自动调整机器的速度、压力和温度等参数，以适应不同的包装需求；根据不同产品和市场需求快速调整包装策略，为企业带来更大的市场竞争优势。

2. 自动包装机器人

现代物流包装生产线上通常都配备大量的自动包装机器人，它们集成了先进的工控技术和机电一体化设计，是整个包装作业自动化的核心，为产品的整个包装流程提供从开箱、套膜、装箱、在线称重、自动贴标、封箱到打包捆扎等多个工序，实现了真正的无人化和智能化。这种集成化的操作，能够显著地提高生产效率和包装品质，降低劳动力成本并优化工作环境。自动包装机器人如图 4–4 所示。

图 4–4　自动包装机器人

自动包装机器人的操作流程具体如下：第一，自动开箱并处理，为装填产品做准备；第二，机器人精准地将产品放置箱中，套膜、装箱；第三，对产品进行在线称重和自动贴标，确保产品的合规性和追踪性；第四，封箱机器人将箱子封固，保证包装的封闭性和安全性；第五，自动打包捆扎，为运输过程中的稳定性和安全性提供进一步的保障。当然，自动包装机器人并不局限于基础的包装工序，还能使用先进的自动控制技术执行更复杂的功能，如自动分半、托盘货物拉伸膜缠绕等。但无论它们处理的是简单的重复任务还是复杂的逻辑操作任务，都是在严格的质量控制下进行的，能够保证质量的平稳。

二、智慧装卸搬运系统

（一）装卸搬运的概念

装卸搬运作为整个物流过程和供应链中不可或缺的活动，不是简单的货物搬移，而是一个涉及货物的装上、卸下、移送、拣选和分拣等多个环节的复杂操作过程。这些操作除了为运输和仓储环节提供服务，也支持货物检验、维护和保养等仓储作业要求。装卸是指在运输工具间或运输工具与存放场地（仓库）间，以人力或机械方式对物品进行载上载入或卸下卸出的作业过程；而搬运指的是在同一场所内，以人力或机械方式对物品进行空间移动的作业过程。

在物流的全流程中，装卸搬运活动是频繁发生的，作业量大、作业方式也较为复杂，其作为物流操作的中间环节，效率和质量会直接影响整个供应链的运作效率和成本控制。装卸搬运活动需要消耗大量人力，还需要使用叉车、输送带和自动化机械臂等各种机械设备，每次装卸操作都需要时间和精力。这种操作的高频率和复杂性，也成为货物破损、散失和损耗的主要风险来源，不当的搬运方法或设备的不足容易导致物品的损坏，甚至影响货物的安全和完整性。由于装卸搬运的重要性和成本影响，许多企业正在投资自动化和智能化的装卸技术。优化装卸搬运流程、采用适当的技术和设备，以及提高操作人员的专业技能是提高物流效率、降低风险的关键。引入更先进的自动化装卸系统，如自动化叉车和机器人搬运系统，可以大幅提高搬运效率，缩短搬运时间，显著地降低人为错误和操作风险，进一步确保货物在搬运过程中的安全性和完整性。实时跟踪和监控系统的整合，使装卸操作更加透明和可控，进一步优化了物流过程和资源配置，提前预防了可能发生的问题，确保物流活动的顺利进行。安全性也是装卸搬运中不可忽视的方面，不当的搬运方法不仅会导致货物损坏，还会危及作业人员的安全。因此，定期培训员工、实施严格的安全标准和使用具有安全保障的机械设备，是确保物流活动顺利进行的基础。

（二）装卸搬运的特点和注意事项

1. 装卸搬运的特点

（1）附属性、伴生性

装卸搬运在物流系统中具有明显的附属性和伴生性，无论是在运输、仓储还是在流通加工过程中，装卸搬运都贯穿物流活动的始终。人们日常在提到汽车运输或仓储保管时，很少直接指出装卸搬运的角色，但实际上，这些活动都不可避免地涉及装卸搬运。例如，货物从生产线到达仓库，需要经过卸载、分类、上架等一系列装卸搬运过程，同样，在发货时，也需要从仓库取货、装车。这些看似简单的步骤，对整个物流流程的顺畅执行至关重要。

（2）支持和保障性

装卸搬运的作用绝非被动，它在物流活动中起到支持和保障的作用，关乎整个物流链的效率和安全，甚至装卸搬运的质量会直接影响后续物流活动的顺利进行。例如，不当的装车方法可能导致运输途中货物的损坏，不仅影响货物的质量，还可能引起额外的成本支出。如果卸载操作不当，可能会导致货物难以正确存放或者在后续运输中造成困难，从而降低整个供应链的效率。因此，高效和专业的装卸搬运是确保物流顺畅进行的基石，对于防止货物损耗和提高物流速度具有决定性作用。

（3）衔接性

装卸搬运的衔接性功能在物流链中尤为突出，它是各个物流环节之间衔接的纽带，无论是从运输到仓储，还是从仓储到配送，都离不开装卸搬运。因此，可以说，每一个物流环节的结束和开始都需要通过装卸搬运来转接，这也使装卸搬运在很多情况下成为物流活动中的瓶颈环节。有效的装卸搬运不仅能够加速物流流转速度，减少等待时间，还能确保货物在转运过程中的安全和完整，从而使整个物流活动形成有机的联系和紧密的衔接。

2.装卸搬运的注意事项

（1）减少装卸作业次数

虽然装卸作业是物流链中不可避免的环节，但其本身并不直接产生价值，反而可能因操作不当导致货物损失。因此，合理规划装卸操作以减少不必要的重复作业是提高物流效率的重要策略。减少装卸次数不仅可以降低货物损坏的风险，还可以显著地减少时间和劳动力成本。例如，使用大容量的装载工具、优化装载方案可以减少单次装载所需的作业次数。采用创新的技术，如自动化装卸设备，进一步减轻工人负担，缩短作业时间，并减少因人为操作引起的错误和损失。

（2）注意装卸作业的连续性

装卸作业存在于多个装卸点之间，加快装卸速度，需要保证装卸作业的连续性，即实现良好的流程协调和流程优化。这包括合理安排货物的装卸顺序，确保装卸活动无缝对接，避免不必要的停顿和等待。实践可能涉及对装卸点的物理布局进行优化，如调整装卸平台的位置以适应运输工具的接近，或配置足够数量的装卸设备和人员以匹配运输节奏，使用先进的调度软件实时调整装卸任务，确保各个环节的效率和连续性。

（3）提高装卸作业的灵活性

在物流操作中，装卸作业的灵活性主要体现在物料的搬运和存取方面，更高的灵活性指数通常意味着更快的装卸速度和更低的劳动强度，是提高整体物流效率的关键因素之一。例如，将货物直接散堆于地面（灵活性指数为0级）可能是最不方便的搬运方式，因为每次搬运都可能需要大量的人力和时间。相比之下，将货物预先装入箱内（1级）、放置在货盘或垫板上（2级）、放置在车台上（3级）或输送带上（4级），每一级的变化都能大幅提高搬运的效率和灵活性。这种分类方式还有助于企业在设计仓库布局和选择搬运设备时作出更合理的决策。

（4）增加装卸作业过程中的合理化措施

合理化装卸作业是减少物流成本、提高效率的有效策略。具体做法如下。首先，避免无效的装卸作业，优化资源分配。例如，直接从供应商处接收预包装和预排列的货物可以显著地减少仓库内部的重复搬运作业。其次，提高被装卸物料的纯度，如改进包装设计或使用统一规格的容器，可以减少物料处理过程中的复杂性，从而提高装卸速度。最后，缩短搬运作业的距离。人们在设计仓库和生产线的布局时，应尽可能考虑物流路径和流程优化，选择最短的搬运路径，这不仅可以缩短搬运时间，也可以降低劳动力消耗和可能的产品损耗。

（三）智慧装卸搬运系统的作业设备

智慧装卸搬运系统代表了物流领域自动化与智能化的融合和创新，高度集成的信息技术和机械自动化技术极大地提高了物流操作的效率和智能性。这一系统的核心在于其能够运用高度发达的数据收集和处理能力，整合装卸、存储、拆垛补货、单件分拣等多个物流环节的任务信息，并将这些信息输送到智能决策系统中，智能决策系统进而对这些任务进行分析和分解，制订详尽的物品需求计划，并根据具体情况选择最合适的装卸搬运方式和机械设备。智能化的控制和优化能够使智慧装卸搬运系统减少不必要的操作次数，节约物流费用，提高整体的工作效率和经济效益。智慧装卸搬运系统的智能化不仅表现在自动运行和控制上，更体现在其对作业环境的智能感知能力上，系统能利用物联网技术实时监测仓库或运输环境的各种参数，并根据这些信息作出快速反应和调整。智慧装卸搬运系统还能利用人工智能技术进行常规的作业流程控制、制定决策、解决问题。

根据设备的类型和功能分类，智慧装卸搬运系统的作业设备主要包括码垛机器人与卡车自动装卸系统。

1. 码垛机器人

码垛机器人在现代工业生产中起着至关重要的作用。码垛机器人作为一种高效的工业机器人，融合了机械工程、电子信息技术、智能技术等多个领域的最新成就，专门用于执行复杂的获取、搬运、码垛和拆垛任务，是现代工业自动化和智能化的高水平体现。

码垛机器人的设计旨在提高生产线的效率和灵活性，它可以在智能控制系统的控制下轻松集成现有的生产线，并结合多变的生产需求进行精确的搬运和摆放工作。在实际应用中，码垛机器人的功能非常广泛，可以处理纸箱、塑料箱、瓶类、袋类、桶装、膜包产品及罐装产品等多种类型的包装物。这使码垛机器人非常适用于食品饮料、制药、化工和其他制造业，尤其是需要高效率和高准确性的重复性任务处理。码垛机器人的应用能够使企业减少人工搬运的需求，降低劳动成本，降低工人在危险环境中的劳动强度。

码垛机器人具备高度的可编程性和灵活性，可以通过编程快速适应不同的产品和包装类型的搬运需求，通常配备先进的视觉系统和感应器。这些系统可以实时监控搬运过程，确保操作的高度精准，同时能够即时响应潜在的问题，如堵塞或错位。随着工业 4.0 的推进，码垛机器人越来越多地集成网络功能，能够实时与工厂的中央控制系统进行数据交换，实现生产数据的实时更新和远程监控。这种网络化的功能不仅优化了生产管理，还提高了生产流程的透明度，强化了追踪能力。

2. 卡车自动装卸系统

卡车自动装卸系统是一种提高货物装卸效率的自动化方案，主要由卡车上的系统和月台上的系统两大部分组成，每个部分都融入了多种技术和设备，使货物的装卸过程更加迅速和无误，确保了物流和运输行业的操作效率和安全性。

（1）卡车上的系统

卡车上的自动装卸系统设计灵活，能够根据不同的货物类型和客户需求定制，一般包括滑链、滑叉、链板和滑轮等装置，每种装置都有其独特的作用和优势。例如，滑链系统适用于处理箱装货物，滑叉系统适合搬运托盘货物，链板系统提供了一个平稳的装载面，适用于多种大小和形状的货物，而滑轮系统则便于快速移动轻型或中型货物。这些系统的设计允许它们被安装在新的或已经改装过的标准卡车和拖车上，极大地增加了卡车的通用性和灵活性。

（2）月台上的系统

月台上的系统设计与卡车上的系统是相互配合的，目的是确保货物顺利地从卡车转移到仓库或反向操作。与卡车系统对应，月台系统也包括滑链系统、滑叉系统、链板系统和滑轮系统等，每种系统都有对接设施，以便与卡车上的相应系统无缝连接。月台上还装配有高级的视觉扫描定位系统，可以精确识别货物和卡车的位置，确保装卸操作的准确性和高效性。除以上设备外，月台上还有其他关键设备，如过渡桥设施、信号灯、卡车控制系统和控制箱、卡车导向装置以及安全防护栏。①过渡桥设施用于填补卡车和装卸平台之间的物理间隙，使货物可以安全地移动；②信号灯用于指示操作状态，旨在提高作业安全性；③卡车控制系统和控制箱是整个装卸系统的大脑，负责协调所有活动，确保作业流程的顺畅进行；④卡车导向装置的作用是帮助卡车正确对接装卸站，减少人为错误；⑤安全防护栏则是必不可少的安全设施，它能够保护操作人员和过往行人免受卡车运动和货物搬运过程中可能出现的风险。

卡车上的系统与月台上的系统的密切配合与高度自动化，不仅有效提高了装卸速度和准确性，还极大地提高了操作的安全性，使货物的装卸过程变得更加高效和经济。随着技术的进步，这种系统的应用将更加广泛，为物流行业带来持续的革新和发展。

第三节　智慧物流运输系统

一、智慧物流运输概述

（一）物流运输的概念

1. 物流运输的定义

物流运输是物流系统的核心环节，是连接生产与消费各环节的重要桥梁，是使用卡车、火车、飞机、船舶等运输工具确保各类商品能够从起点安全、高效地运达终点的过程。在运输过程中，物品的形状、质量和体积对选择运输方式和工具有着直接影响，进而影响物流效率。所以，为了实现经济效益的最大化，人们应合理地安排运输，以减少在途时间，提高货物周转速度，在降低运输成本的同时减少货物的损失。

2. 选择物流运输形式的标准

常见的物流运输形式有铁路、公路、航空、水路和管道运输，各具特点，能够适应不同类型的运输需求，需要具体情况具体分析，选择标准有以下几点。

（1）成本考量

成本是选择运输形式的一个重要因素。各种运输形式的运费差异显著，会直接影响物流总成本。例如，水路运输通常成本较低，适合大批量、不紧急的货物；而航空运输则成本高昂，速度快，适合急需或高价值货物。

（2）运输时间

时间是影响运输形式选择的另一个重要因素。在需要快速配送的情况下，航空运输和公路运输通常是更好的选择。相反，如果时间要求不是特别紧迫，可以选择成本更低的铁路或水路运输。

（3）服务的可靠性

运输服务的可靠性也是一个关键考虑点，这涉及运输过程中的时间保证、货物安全性和服务质量。例如，铁路和管道运输在可靠性方面通常表现较好，而公路运输可能受到交通拥堵的影响。

（4）安全性

不同的运输形式在安全性方面也有所不同。例如，管道运输对于易燃易爆物品是较安全的选择，而航空运输则适用于需要严格控制的贵重物品。

（5）灵活性和便利性

某些货物可能需要特定的运输条件，如温度控制或特定的搬运设备。在这些情况下，选择能提供相应服务的运输形式至关重要。

对于企业来讲，在选择合适的运输形式时，需要先综合考虑物流系统的整体需求，如运输时间的长短、服务的可靠性、运输过程的安全性以及操作的便利性等。此外，还需要考虑货物的特性，如体积、重量和是否需要特殊处理等。因此，选择最合适的运输形式是一个需要根据具体情况仔细权衡各种因素的过程，只有选择合适的运输方式，才能确保物流系统在满足服务需求的同时有效控制成本，实现经济与效率的最优平衡。

在很多情况下，上述五种运输形式可以单独使用，也可以混合使用。混合使用以上五种运输形式，即联合运输。联合运输是指使用两种或两种以上的运输形式进行货物运输，这种运输形式可以结合各种运输形式的优势，降低成本和提高效率。例如，铁路和公路运输相结合，可以利用铁路的低成本优势和公路的灵活性优势，提高整体物流效率。随着人们环境保护意识的增强和技术的进步，人们开始越来越多地采用环保的运输形式，优化路线规划，显著减少了能源消耗和二氧化碳排放，符合可持续发展的要求。所以，绿色运输成为物流领域的一个重要趋势。

（二）智慧物流运输的概念

随着科技的不断进步，特别是智能技术的广泛应用，物流运输业逐渐步入了一个新的发展阶段——智慧物流运输，但目前并没有关于这一概念的定义。智能运输系统是指在较完善的交通基础设施上，将先进的科学技术（信息技术、计算机技术、数据通信技术、传感器技术、电子控制技术、自动控制理论、运筹学、人工智能等）有效地综合运用于交通运输、服务控制和车辆制造，加强车辆、道路、使用者三者之间的联系，从而形成的一种保障安全、提高效率、改善环境、节约能源的综合运输系统。智慧物流运输系统就是在智能运输系统的基础上，进一步融入物联网、云计算、移动互联网、大数据和空间感知技术等新一代信息技术形成的特殊物流运输系统。

智能物流运输系统应用大量数字技术，实现了对运输系统中数据的深度挖掘和实时处理，建立起了实时的动态信息服务体系，实现了对物流活动的全面感知和深度融合。例如，利用运输物联网技术实时监控货物状态和运输车辆的位置，运用大数据技术预测运输路径中的潜在风险和拥堵情况。云计算提供了强大的数据处理能力，确保所有信息都能被快速处理和应用。智慧物流运输系统还可以利用人工智能和运筹学算法，对收集到的大量数据进行分析，形成问题解决模型，帮助企业优化资源配置，提高企业的公共决策能力和管理能力。例如，智能调度系统可以根据实时交通状况、货物需求和车辆位置，自动规划最优运输路线和调度策略，从而显著提高物流效率，减少运输成本。此外，智慧物流运输系统的发展也大力推动了物流运输业的环保和可持续发展，通过优化运输路线和载货策略，减少了不必要的行驶里程和空载率，降低了能源消耗，减少了尾气排放。

（三）智慧物流运输体系架构

虽然目前并没有关于智慧物流运输的准确定义，但是智慧物流运输可以在国家智能运输系统的框架基础上进行设计和优化，以满足现代物流运输行业的特殊需求。该体系架构分为四个主要层次：感知层、网络传输层、存储层和应用层，每一层都承担着不同但相互关联的功能。智慧物流运输体系架构如图4-5所示。

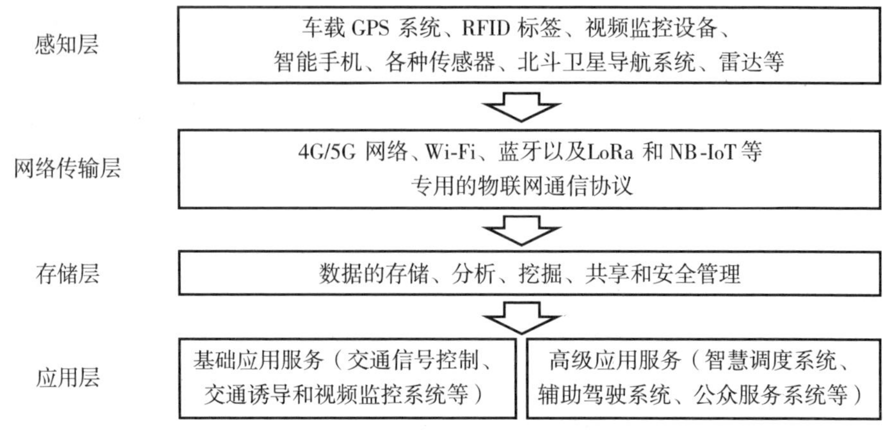

图 4–5　智慧物流运输体系架构

1. 感知层

感知层的主要职能是使用各种感知设备对环境和运输元素进行实时的数据采集，主要设备包括车载 GPS 系统、RFID 标签、视频监控设备、智能手机、各种传感器、北斗卫星导航系统、雷达等。这些技术的应用使系统能够全面监控物流运输过程中的车辆位置、速度、货物状态和路况信息等，为系统的其他层提供原始数据输入。

2. 网络传输层

网络传输层的作用是确保收集到的数据能够通过各种有线和无线通信网络安全、快速地传输到需要的地方，主要包括 4G/5G 网络、Wi-Fi、蓝牙以及专用的物联网通信协议（如 LoRa 和 NB-IoT），以实现数据的高效流动，确保通信的稳定性和安全性。

3. 存储层

存储层负责对收集和传输来的大量数据进行管理和处理，包括数据的存储、分析、挖掘、共享和安全管理。数据分析和数据挖掘是存储层的核心，先进的数据分析工具和机器学习算法，能够使系统从数据中提取有价值的信息，如基于交通流数据预测未来的交通状况，或者基于运输路径，分析如何优化货物配送计划。数据的安全和隐私保护也是这一层的重要组成部分，需要确保所有敏感信息都得到合适的处理。

4. 应用层

应用层是智慧物流运输系统的最终输出层，提供了包括基础应用和高级应用的多种服务。基础应用服务如交通信号控制、交通诱导和视频监控系统等，是日常运输管理中不可或缺的工具，能够维持交通的有序进行。高级应用则是指利用前述层次提供的数据和分析结果，为人们提供路线规划、事故预警等服务。

二、智慧物流运输系统作业流程

（一）智慧物流运输系统作业流程的具体功能

智慧物流运输系统开展作业离不开智慧物流运输管理系统，它是一个用于管理运输工具、运输人员、货物及运输过程各个环节的信息系统，可以确保信息的快速传递和有效管理，从而实现运输活动的高效和经济。具体功能包括以下几个方面。第一，及时的信息传输，这是智慧物流运输管理系统的基础功能。这种实时数据交换可以保证运输企业和货主之间的无障碍沟通，及时响应客户的需求和变化，提高服务的响应速度，提高客户的满意度和信任度。第二，系统可以对车辆、司机和路线进行动态调度和管理，优化资源分配。例如，智慧物流运输管理系统可以根据交通情况、天气预报和车辆状态，智能推荐最佳行驶路线和调度计划，有效减少了因拥堵或其他意外事件引起的延误，还有助于降低燃油消耗，维护成本，从而实现成本效率的最优化。第三，智慧物流运输管理系统还提供集成分析工具和报告等高级功能。运用智慧物流运输管理系统，管理层能够分析历史数据和实时数据，洞察运输过程中的趋势和模式，制定更有效的战略和政策。第四，智慧物流运输管理系统还强调了服务的透明化。客户对系统跟踪和监控进行，可以实时了解货物的状态和预计到达时间，这种透明度减少了客户的不确定性，提高了企业在客户心中的信誉。第五，集成物联网和人工智能的智慧物流运输管理系统，能够更智能地预测风险，自动调整运输计划，甚至实现自动化驾驶，进一步推动物流运输业向智慧化和自动化方向发展。

（二）智慧物流运输系统作业流程的内容

智慧物流运输系统的作业流程主要包括业务受理、运输调度、装车发运、运途监控、货物到达，如图 4-6 所示。

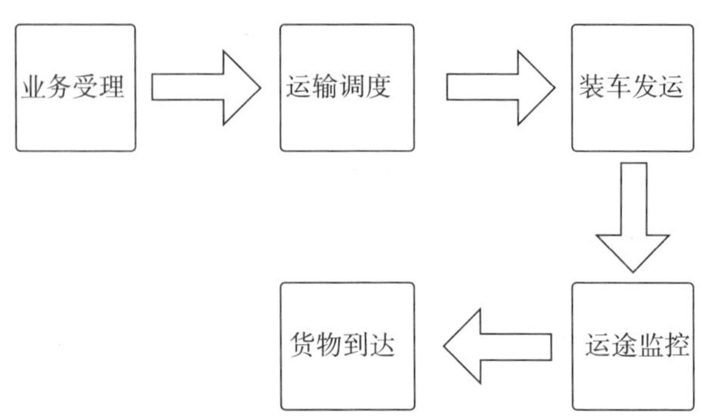

图 4-6　智慧物流运输系统的作业流程

1. 业务受理

业务受理是智慧物流运输系统作业中的关键环节，是一切运输活动的起点。在进行业务受理时，物流团队成员需要与客户交流并签订运输合同，合同的内容需由专业的物流团队负责，以确保订单被正确处理和高效执行。物流团队需要在这一阶段详细筛选提交的单据，处理各种订单接收方式，包括电子邮件、在线订单系统或电话订单等，确保所有接收到的信息准确无误，为后续操作打下基础。随后，物流团队成员需要将订单数据准确录入物流管理系统，并基于这些数据生成详细的作业计划。工作人员在录入订单时，需对订单详情进行核查，如目的地和预定的时间是否符合公司的服务范围和时间表，以确保运输安全和合规性。具体审核内容包含以下几点。

①客户的性质。即确认客户的合法性及信誉。

②货物的属性。包括货物的类型，是否属于危险品、易碎品或其他特殊物品，这些属性将直接影响运输方式和所需的安全措施。对于包含不可受理货品的订单，如易燃易爆的危险品、有毒物质以及违禁品，需要立即筛选并拒绝受理。

③货物的数量或体积。以确保运输工具的合理利用，控制运输成本。

④货物的始发地和目的地信息。这两个信息必须准确无误，关系到整个物流路线的规划和时间管理。

⑤工作人员在审核托运单时，还需要特别注意单据的完整性和准确性，如托运单的各项内容是否有涂改痕迹，以确保信息的真实有效。同时，工作人员要核对托运单的到站信息和收货人地址，这一点对于确保货物准确送达至关重要。

⑥货物品名和属性的鉴别也非常关键。工作人员需要正确分类货物，尤其是区分普通货物和危险品。对于重零担货物和笨重货物的处理也需要特别注意，因为这些货物可能需要特殊的搬运设备和额外的安全措施。

经过细致而全面的审核，物流企业能够有效地管理各类订单，降低运输过程中的风险，确保业务的顺利进行，保护客户和大众的安全。

2. 运输调度

运输调度是物流运输企业的核心环节，有效的运输调度不仅需要对运输任务进行仔细分析和计划，还需要考虑众多因素以优化调度决策和流程，确保货物按时、安全地到达目的地。

在运输调度作业控制中，需要先接收和分析业务部门提交的运输单，这一步最重要的是了解客户的具体要求，包括货物类型、目的地、期望到达时间等，然后根据这些要求选择合适的运输形式和路线，如道路运输、铁路运输或水路运输等。调度中心将根据物流运输企业所选择的运输形式和路线安排相应的运输车辆和人员，包括确定合适的车辆类型，如卡车、挂车以及必要的运输人员，如司机和随车人员。一旦车辆和人员得到确认，调度中心便会下达具体的运输指令，这些指令详细说明了装载、出发和途中的各项操作要求。人车准备完成后，需要到货确认，确保货物按计划到达，并与客户的收货确认信息相符。这一环节是整个运输调度过程的收尾，能够确保服务的完整性和客户满意度。

运输车辆的调度是一个复杂的决策过程，需要考虑多个重要因素。第一，车辆的物理条件，如车辆的质量、吨位、货箱形式和容积。这些因素会直接影响车辆的装载能力和运输效率。第二，车况。良好的车况可以减少运输中的故障和延误。第三，实际的运输任务需求，如货物的体积和重量、所需运输距离以及特定货物的运输要求。第四，当天车辆的归队情况，即哪些车辆可用，哪些正在维修或已被其他任务占用。第五，环境因素，如天气条件和道路状况。因为恶劣天气、道路封闭、交通限制等情况一旦发生，就可能影响运输效率和安全，这就要求调度员实时监控这些条件，在必要时调整运输计划。

3. 装车发运

（1）装车

装载作业是物流运输过程中至关重要的一环，正确的装载方式既关系到货物运输的安全，也直接影响运输效率和成本。装载作业通常分为以下三个主要步骤。

①分析货物性质。在装载货物之前，工作人员需要先对货物的性质进行详细分析，查看送货单信息，了解货物的类型，观察货物是否属于易碎品、泡货、重货或积压货物。此外，工作人员还需考虑货物的其他特性，如是否有毒、是否易燃，这些特性将直接影响货物的处理方式和存放位置。对货物的性质进行准确分析，可以确保在后续步骤中采取合适的处理和装载策略，从而避免可能发生的损害或事故。

②考虑装载原则。工作人员不能胡乱摆放货物，而是需要根据一系列既定的装载原则进行操作。例如，“大不压小、重不压轻”，这意味着装载时要确保重物不会放置在轻物之上，大件物品不会压住小件物品。工作人员还需考虑车厢体积与货物体积和数量之间的关系，确保货物合理分布，避免过度集中或不平衡。车厢内货物的重心位置、两边重量是否平衡也是装载过程中必须细心考量的因素，直接关系到运输过程中车辆的稳定性和安全。

③运输装载计划实施。在前两个步骤的基础上，工作人员可以进行实际的装载操作，但在装载过程中需要确定装载顺序。通常遵循“先送后装”的原则，即根据目的地的远近和送货顺序安排货物的装载位置，然后，根据每种货物的具体装载要求进行装载，如对易碎品进行特殊保护，对重货使用适合的支撑和固定装置。在装载过程中，工作人员必须采取适当的安全加固措施，如使用绑带、防滑垫等，确保货物在运输过程中的稳定性和安全性。

这三个步骤可以最大限度地保证货物在运输过程中的安全和完整，提高装载效率，降低运输成本，确保整个物流链的高效运作。

（2）发运

发运与货物的装载紧密相连，这个过程不仅需要精确的操作，还需要确保所有步骤都符合规定，以保证货物安全、准时到达目的地。具体操作步骤如下。

①下达发运指令。信息员在物流管理系统中输入发运指令，选择正确的货物和目的地，确保所有数据的准确性，这是启动发运流程的第一步。

②打印货物运输交接单。信息员完成发运指令后，系统会生成货物运输交接单，信息员需打印此单据。货物运输交接单包含了所有必要的货物信息和运输详情，是后续步骤的依据。

③签字交接。交接单需要相关负责人签字确认，这一步是为了验证信息的准确性和完整性，也是对货物责任的明确。

④货物搬运与装车。操作人员使用笼车或其他搬运工具把货物从仓库搬运到装载区（月台）。在此过程中，操作人员还需进行发运扫描确认，以验证货物与系统信息的匹配程度。

⑤关闭厢门并上铅封锁。装车完成后，操作人员须关闭货车的厢门，并对厢门进行铅封，这是为了确保运输过程中的货物安全。

⑥填写与交接货物运输交接单。操作人员须在货物运输交接单上填写所有必要的运输和装车信息，并进行最终的货物交接。这一步骤完成后，货物便可正式发运。

4. 运途监控

（1）运途监控内容

监控车辆运输过程既能确保运输的效率和安全，又能使工作人员及时监测到可能出现的各种情况。监控内容主要包含以下几个方面。

①行驶要求。车辆运输监控最基础的要求是司机需要严格遵守交通法规，合理控制车速，以避免交通事故，确保行车安全。在行车过程中，司机应避免无必要的停靠，减少行程中的延误，并及时汇报行驶状况，包括路况、车况以

及预计到达时间等，以便调度中心实时监控进度并作出相应的调整。

②行驶路线。司机必须严格按照事先规划的路线行驶，以提高效率，减少运输成本。若遇到不可预见的情况，如道路封闭或重大交通事故，需要绕道行驶时，司机必须先联系管理中心或主管领导，获得改变路线的许可。这样做可以避免无计划的路线改变带来的额外成本和时间延误。

③途中追踪查询。管理中心可以使用GPS和其他跟踪技术，实时监控每辆车的位置和行进状态，了解车辆的实时位置、行驶速度、行驶路径和预计到达时间等。这样，调度中心对于车辆出现的异常情况，如偏离预定路线、意外停车或途中延误，就能够迅速发现并采取重新规划路线、提供紧急支援等措施。

④途中停靠作业。对于长途运输，途中停靠是不可避免的，在此情况下，司机需提前与预定的停靠点联系，确认停靠的具体时间和位置。在停靠期间，司机需要执行必要的检查和维护作业，确保车辆在重新出发时处于最佳状态。这些停靠点也可以作为货物交接的节点，进行货物装卸作业。

（2）运途监控方法

在现代物流和运输管理中，运途监控主要依靠高度自动化的工具和系统，确保对车辆在运输过程中的实时监控和管理。常用的运途监控方法有车辆监控系统和手机监控系统。

①车辆监控系统。这是一种高效的动态车辆管理监控软件，是基于地理信息系统（Geographic Information System, GIS）、北斗卫星导航系统（Beidou Navigation Satellite System, BDS）和全球通信系统（Global System for Mobile Communications, GSM)）诞生的新型监控技术手段。车辆监控系统主要由三部分组成，分别是车载主机、服务器和客户端。其中，车载主机是车辆监控系统中的关键部件，主要负责利用全球卫星定位系统（如GPS或BDS）实时确定车辆的位置；服务器的作用是接收从车载主机上传的定位和状态数据，并进行存储和处理；客户端软件允许用户通过互联网访问服务器中存储的数据，实时查看车辆的位置、行驶路径、速度以及其他关键指标。

车辆监控系统提供的服务范围广泛，包括但不限于以下几点。

一是实时定位和追踪。系统能够实时显示车辆的确切位置，帮助调度员进行有效的路线规划和调整。二是历史数据分析。企业分析历史行驶数据，可以优化运输路线，提高燃油效率，降低运营成本。三是警报系统。在车辆偏离预定路线、发生故障或驾驶行为异常时，系统能自动发出警报，确保对潜在问题进行快速响应。四是报告生成。系统可以自动生成运输和车辆性能的详细报告，辅助管理层作出更加科学的决策。

②手机监控系统。这是一种利用现代通信技术辅助物流行业进行车辆管理的实用工具，主要依赖驾驶员随身携带的智能手机，其自带的移动运营商网络的基站定位功能可以实现车辆的监控和跟踪。其中的基站定位是利用网络中多个基站对手机的信号强度进行测量，从而计算出手机（进而是车辆）的大致位置，不需要额外的硬件投入，只需利用驾驶员已有的智能手机即可实现。可见，手机监控系统是一种成本效益较高且部署简单的车辆追踪解决方案，尤其在物流行业中是非常有价值的。尽管基站定位的精确性不及 GPS 系统，但它在城市密集区域的表现相对更为稳定，因为这些地区基站较多，定位更为频繁且准确。

手机监控系统不仅可以用来监控车辆位置，还可以通过分析位置数据优化运输路线，预测交通状况，从而减少延误和不必要的运营成本。系统还可以配置警告机制，如车辆偏离预定路线或长时间停留未动，系统就会自动向管理人员发送警报。这些功能的整合极大提高了物流运营的效率和安全性，使手机监控系统成为现代物流管理中不可或缺的一部分。

5. 货物到达

货物到达是物流运输的最后一个环节，货运中心调度员收到始发站发送的到货预报后会立即与班车司机联系，确认货物的预计到达时间。当班车司机驾驶载有货物的车辆到达货运中心时，工作人员会指挥其将车辆停靠在指定的交接场地。在这一过程中，保证车辆和人身安全是首要任务。司机需将货物运输交接单提交给调度员审核，调度员需核对交接单上的信息与到货预报信息是否一致，确认所有数据无误后，这些文件将被传递给现场操作员，以便执行后续的到货任务。现场操作员在收到货物运输交接单后，会核查车辆的施封情况，包括施封数和字号，并检查施封的具体状况，这是为了确保货物在运输过程中未被非法开启或篡改。确认施封正常后，操作员会根据操作规范卸载车辆上的货物。在卸货过程中，操作员根据运输交接单仔细核对每一项货物的运单号和货运标签，清点货物件数，并检查货物的包装状态是否完好。如果货物状态良好且无任何异常，操作员就可以在货物运输交接单上记录到站时间并签字确认。签署后的单据将被提交给调度员，用于记录保留。这一整套到货业务流程确保了货物的安全和完整，提高了货运作业的透明度和可追溯性，使整个物流操作流程更加高效和可靠。

第四节　智慧物流配送系统

一、智慧物流配送概述

（一）智慧物流配送的概念

1. 物流配送

配送可以简单地分解为“配”和“送”，其中，“配”指的是根据客户的具体需求进行物品的组合和分配，包括配用户、配时间、配货品、配车辆、配路线；而“送”指的是将组合好的物品送达客户，即送货运输。在物流活动中，配送扮演着核心角色，它不仅是单纯的货物运输，还是一个涵盖了从原点到终点全过程的综合服务，与商流、物流、资金流紧密相连，形成了一个互动密切的复杂系统，是物流系统的缩影。配送是指根据客户要求，对物品进行分类、拣选、集货、包装、组配等作业，并按时送达指定地点的物流活动。

从物流整个供应链的角度来看，配送涉及的环节包括了物流的所有关键要素。首先，配送涉及货物的集装卸作业。其次，包装是配送过程中的一个重要部分。再次，保管也是配送中不可或缺的一环，有效的货物保管需要适当的仓储设施，还需要精细的库存管理策略，以确保货物在需要时迅速调用，减少库存积压，降低成本。最后，运输是连接所有这些活动的关键环节。

配送作为物流活动中“配”与“送”两个环节的有机结合，需要满足客户对于及时、准确送达货物的需求，还要确保在经济合理的区域范围内送货，以实现成本最小化和效益最大化，这体现了对物流资源的高效利用和优化分配。

配送活动的有效执行，能够促进物流资源的合理配置，有助于降低运营成本，提高服务效率。配送服务还推动了流通的组织化和系列化。建立规范的配送流程和标准操作程序可以使物流企业实现服务的标准化和连贯性，确保不同环节和部门之间有效协同。这种组织化的流通方式提高了操作效率，强化了整个供应链的稳定性，提高了各环节的响应速度。

2.智慧物流配送

智慧物流配送是随着数字技术发展诞生的特殊配送形式，是物流配送技术发展的新方向，它结合了最新的信息技术和自动化工具，极大地提高了传统物流系统的效率，能够适应快速变化的市场需求和复杂的供应链环境。因此，所谓的智慧物流配送其实就是引入互联网、物联网、云计算和大数据等技术，实现物流配送活动全过程高度自动化和智能化的现代配送系统。自动化主要体现在物理操作上，如自动装载和卸载、自动化的仓库管理系统；智能化主要体现在决策支持上，如通过机器学习和数据分析自动优化路线，预测和管理库存。智慧物流配送正是因为应用了这些技术，才大幅降低了人为错误，提高了操作速度和精确性。

除了自动化和智能化，智慧物流配送还具有高度的可视化和网络化。可视化意味着管理者和客户可以利用先进的跟踪和监控系统，实时查看货物的状态和位置，大幅提高了整个供应链的透明度；网络化则意味着所有相关方，包括供应商、运营商、客户和管理人员都可以通过互联网平台共享数据和资源，实现信息的即时更新和交流，从而增强整个系统的协调性，提高整个系统的响应速度。随着市场需求的不断变化，智慧物流配送也必须具备柔性，以便快速适应不同客户和市场的变化。通常情况下，智慧物流配送的柔性主要通过高度定制化的服务和可调整的物流操作来实现，如根据实时数据调整配送计划和路线，以应对突发事件或变化的市场需求。

（二）智慧物流配送模式

目前，智慧物流配送已经成为物流配送的主要形式之一，其常用的配送模式有即时配送、无人车配送、无人机配送、智能快递柜。

1. 即时配送

即时配送服务，源于餐饮外卖行业，如今已迅速发展成为一种综合性的物流解决方案。尤其是2018年以来，即时配送服务的模式和技术得到了快速演进，间接显示了这种服务模式的巨大需求和广阔前景。即时配送的核心特点在于它的高效性和直接性，它省略了传统物流的中转仓储环节，实现了从发货点到收货点的直接连接、即取即送、收派一体。这种服务大多在短时间内完成，通常服务半径不超过3千米，能够在2小时内完成配送（最快30分钟），满足了市场对快速、即时反应的需求。这种即时性和非计划性的特点使即时配送尤其适用于紧急或临时的配送需求，如餐饮外卖、日常杂货购买等。随着技术的进步和订单量的不断增加，即时配送正在从劳动密集型行业转变为技术密集型行业，尤其是大数据、人工智能及其他智能配送系统的应用，优化了配送路线，实现了对配送过程的实时监控和管理，使配送过程更为高效和精准，在提高配送速度的同时减少了人为错误，提高了服务的可靠性和用户满意度。

即时配送产业链涵盖广泛的领域，包括需求侧和供给侧。需求侧主要有外卖平台、B2C零售商、电商仓库与快递服务、最终消费者，他们构成了即时配送服务的主要用户群体；供给侧则包括各类商业平台运力和专业即时配送运力，以及传统快递和物流服务。即时配送的生态圈还涵盖了配送装备与基础技术，这些技术和设备的不断创新和应用，为即时配送服务的提供和扩展打下了坚实的基础。

从运营模式上来看，即时配送行业的企业整体可分为B2C和C2C两大类，其中，B2C中又包含专送模式和众包模式两种，而C2C只有众包模式。众包模式下的配送员通常不是固定的职员，而是自由职业者或兼职工作者，他们根据自身时间和意愿接单，这种灵活的工作方式极大地提高了劳动资源的利用率，并允许平台根据订单需求动态调整运力。与众包模式相对的是专送模式，专送模式下的配送人员通常是与平台有更为紧密合作关系的运力加盟商或专职员工，往往会接受更为系统的培训，并遵循更加严格的服务标准，确保配送服务的专业性和连贯性。但无论是众包模式还是专送模式，在智能物流配送中都需要遵循智能调度系统，以保持高效和响应迅速。

2. 无人车配送

无人车配送模式，也称为配送机器人，其能够基于先进的移动平台技术、全球定位系统、智能感知技术、智能语音技术、网络通信技术以及复杂的智能算法，利用无人驾驶车辆进行物品的收取、运输和投递。这些技术的综合应用使无人车能够感知周围环境，进行精准定位，自主导航，与用户进行交互，并根据预设的指令独立完成配送任务。

无人车配送的场景特征明显，因为配送机器人需要在复杂多变的环境中操作，面对的是不同的路面情况、行人密集区域以及与其他交通工具的互动，这就意味着配送机器人必须具备高度的智能化和自主学习能力，以便实时作出准确的决策并快速执行。无人车的特点为“小、轻、慢、物”（小型、轻便、慢速和主要用于运输物品），对无人驾驶技术的可靠性要求相对较低，但这也使无人配送成为无人驾驶技术发展的一个理想测试和迭代平台，降低了运营成本，加快了无人驾驶技术的商业化进程，使无人车配送技术在更多领域得到应用。目前，无人车配送主要应用在快递物流、生鲜配送、外卖送餐以及医院物流等多个场景，显示了巨大的潜力。例如，在医院内部，无人车可以用来运送药品、样本或其他医疗物资，减少人力需求并提高物流效率；在外卖送餐领域，无人车可以在酒店、餐厅、社区或商业区内提供高效的送餐服务，即使是交通拥堵或停车难的地区，无人车配送也能够到达，并为人们提供更为便捷的服务。

3. 无人机配送

（1）无人机配送定义

无人机配送，也称为无人机快递，是通过利用无线电遥控设备和自备的程序控制装置操纵的无人驾驶低空飞行器运载包裹，自动送达目的地。

（2）无人机配送系统构成

无人机配送系统的构成包括多个关键组件，分别是：①无人机，作为主要的配送工具，进行货物的空中运输；②快递柜，用于安全存放配送物品，保证货物在用户取件前的安全；③快递集散分点与快递集散基地，这些地点可以作为无人机的起降点，也可以用于货物的装卸和临时存储；④区域调度中心，负责整个无人机配送网络的监控、调度和管理，确保配送过程的顺畅和高效。

（3）无人机配送适合的场景

①偏远地区配送。无人机配送特别适用于偏远地区，如山区、农村、沙漠和海岛，这些地方由于地理位置偏远，传统的配送方式往往成本高昂且耗时。无人机可以直接飞越自然障碍，快速、高效地完成配送任务，极大地提高这些地区的物流服务能力。

②应急物资配送。在自然灾害或其他紧急情况下，无人机能够快速穿越受损的交通网络，将救援物资如医药、食品和水直接送达受灾区，对救灾工作具有重要意义。

③即时配送。无人机也非常适合执行周边地区的即时配送任务，如 5 千米范围内的生鲜商品配送。相比传统配送方式，无人机能够提供更为迅速的服务，满足消费者对速度的高需求。

虽然无人机配送具有明显的优势，但也面临一些技术和运营上的挑战，尤其是面对强风、雨雪等恶劣天气条件时，无人机的配送能力会受到严重影响，甚至其安全性和可靠性都难以保证。而且，无人机在飞行过程中可能遭受人为破坏或技术故障，这些都是需要在未来的无人机配送技术中解决的问题。

4. 智能快递柜

智能快递柜是现代物流与信息技术融合的一个典型代表，通常被安装在社区、办公大楼、校园等地，便于用户随时寄存和取回包裹，有效缓解了传统配送方式中的“最后一公里”问题。这种智能化设备基于云计算和物联网技术的应用，显著提高了物流末端的服务效率和用户体验。具体来讲，智能快递柜利用了高度信息化的管理系统，用户通过短信或专用的取件码来进行快件的存取操作，简化了传统的手续流程，增强了交易的安全性。当快递员投递包裹后，系统会自动发送取件码给收件人，收件人凭借取件码即可在任何时间自助提取快递，大大增加了取件的灵活性和方便性。智能快递柜还具备多项附加功能，如寄件服务、广告展示、实时监控和语音提示等，这些功能的集成显著提高了设备的利用率，也为运营商带来了额外的收益。

智能快递柜的普及是智慧城市建设中不可或缺的一环。在智慧社区或智慧家居的背景下，智能快递柜能够与其他智能设备协同工作，为人们提供更为高效和个性化的服务，提高人们的生活质量。

二、智慧物流配送系统组成

智慧物流配送系统主要包括三部分，分别是智慧物流配送信息平台、智慧物流配送节点、智慧物流配送设备。

（一）智慧物流配送信息平台

1.智慧物流配送信息平台的功能

智慧物流配送信息平台集成了先进的管理系统和技术，如仓储管理系统、运输管理系统、地理信息系统和全球卫星定位，极大地提高了物流配送的效率。智慧物流配送信息平台能够动态地调整配送策略，优化资源分配，实现成本的有效控制，保持服务质量。智能物流配送信息平台的具体功能如下。

（1）区域优化

智慧物流配送信息平台可以根据实时和历史数据分析，识别高需求区域，据此调整仓储和配送资源。这种区域优化能够确保资源在各区域得到最有效的利用，减少无效运行和等待时间。

（2）线路优化

基于 GIS 和 GPS 技术，智慧物流配送平台能够实时监控交通状况，动态规划最佳配送路径。这有效减少了燃料消耗和行驶时间，提高了配送的可预测性和可靠性。

（3）车辆管理

集成的运输管理系统使车辆的每一次出行都在监控之下，从车辆维护到调度，每个环节都旨在提升使用效率、降低运营成本。运输管理系统对车辆的实时跟踪也确保了该系统对运输过程中可能发生的任何异常事件的快速响应。

（4）车辆跟踪

借助 GPS 技术，智慧物流配送平台能够实时跟踪车辆位置，为客户和运营商提供即时的货物状态更新。这提高了客户满意度，增强了智慧物流配送平台对车辆安全和货物安全的控制。

（5）绩效管理

平台提供的详尽数据分析，助力企业评估配送效率、成本控制和员工绩效，支持决策制定和持续改进。

2.智慧物流配送信息平台的优势

智慧物流配送信息平台的优势在于其能够使不同的信息系统和利益相关者之间实现无缝的信息互联互通。这种信息共享并不限于内部系统，如 WMS 和 TMS，还扩展到与外部合作伙伴的接口，如供应商和分销商，确保了整个供应链的透明度，每一个参与方都能够即时获得关键信息，从而作出更为精准的业务决策。可见，智慧物流配送信息平台作为智慧物流系统的核心，极大地提高了物流配送的效率，显著降低了运营成本，提高了服务的质量和客户的满意度。随着技术的不断进步和应用领域的进一步扩展，智慧物流配送信息平台将继续推动物流行业向更高效、更智能的方向发展。

（二）智慧物流配送节点

1.物流节点

物流节点是物流网络中用于连接不同物流线路的关键点，旨在确保物资的高效流动和处理。广义上，物流节点包括传统的转运和集散中心，如港口、空港、火车货运站和公路枢纽，也包括大型的公共仓储设施和物流（配送）中心。这些节点是物流网络的重要组成部分，它们处理大量的物资中转、集散和储运活动。狭义上，物流节点特指那些在现代物流系统中扮演核心角色的设施，如物流（配送）中心、物流园区和配送网点。这些节点专门用来优化货物的处理和分配过程，提供先进的仓储解决方案和配送服务，旨在帮助企业降低运输成本，提高运输效率，增强整体供应链的响应能力。物流中心和物流园区通常具有很多先进的信息技术系统，如仓库管理系统和运输管理系统，能够确保货物流转的精确性和透明性。此外，物流节点的设计和运营对于满足社会日益增长的即时配送和电子商务需求至关重要。随着消费者对更快、更可靠的配送服务需求的日益增长，有效的物流节点管理成为提高客户满意度和保持市场竞争力的关键。不断优化这些物流节点，企业能够实现更为流畅的货物运输过程，降低物流成本，提供更好的客户服务。

物流节点根据其主要业务功能的不同可以被划分为存储型物流节点、流通型物流节点以及综合型物流节点。存储型物流节点主要聚焦货物的长期或短期存储，以保障货物在运输前的安全和完整，确保供应链中的存货水平满足市场和生产的需求。典型的存储型物流节点包括储备仓库、营业仓库、中转仓库以及货栈等，这些设施通常配备有高度专业化的存储设备和管理系统，如自动化货架系统和温湿度控制系统，以适应不同货物的特殊存储需求。流通型物流节点的核心功能是加快物资的流通速度和效率，即专注物资的接收、排序、再分配和快速转运。常见的流通型物流节点有流通仓库、流通中心和配送中心，它们位于供应链的关键位置，以最小化运输时间和成本。综合型物流节点则是功能最为全面的节点，它结合了存储型节点和流通型节点的特点，具备货物存储、处理和分发的能力，既能支撑复杂的物流操作，又能提供一站式解决方案，满足从生产到消费的多样化需求。这类节点通常设有先进的物流设施和多功能区，能够进行货物加工、包装、配送及其他增值服务，充当了现代物流系统中的集中枢纽，能有效衔接和协调各类物流活动。

2. 智慧物流配送节点

在智慧物流配送体系中，智慧配送园区、智慧配送中心和智慧末端配送站点形成了一条高效的智能物流供应链，使整个城市的配送系统更加高效和智能化。

（1）智慧配送园区

智慧配送园区是整个智慧物流配送体系中的重要枢纽，集中了物流配送的关键活动，如货物集聚、仓储、快递分拣以及配送功能的孵化和配送技术的研发。这些园区通常位于城市的关键位置，具有先进的物流技术设施，既能支持传统的物流活动，又能够促进物流配送与电子商务平台的深度融合。园区内高度集约的物流设施和合理的空间布局优化了货物处理流程，降低了物流成本，提高了配送效率。

（2）智慧配送中心

智慧配送中心更专注配送业务的执行，采用“互联网 +”的模式，融合先进的物流技术和信息技术，有效管理多品种、小批量的货物配送。这些中心具有完善的信息网络系统，可以实现对实时数据的监控和分析，优化配送路线和调度决策，提高操作效率和服务水平。智慧配送中心通常服务于特定的客户群体，其配送功能强大，能够满足快速变化的市场需求。虽然这些中心的辐射范围相对较小，却能够确保快速响应和为客户提供高质量的服务。

（3）智慧末端配送站点

智慧末端配送站点作为配送体系中最接近消费者的环节，常设置在与社区服务机构、住宅小区、商业网点等合作的地点，以便为用户提供便捷的取货服务。这些站点的存在大幅提高了物流系统的便捷性。用户可以使用站点内的自助电子快递箱或智能快递站在任何时间自助取件，这满足了现代社会对效率和便捷性的高需求。

（三）智慧物流配送设备

智慧物流配送设备是智慧物流配送体系的重要支撑，如无人机、无人车、智能快递柜等，前文已进行过详细阐述，此处不再赘述。

第五章　智慧物流评价体系构建

第一节　物流系统评价概述

一、物流系统评价的基本概念

（一）物流系统评价的含义

物流系统评价是一种重要的决策工具，它通过系统地评估物流活动的效率和效果，能够有效帮助管理人员了解物流操作的整体表现。物流系统评价主要包括对物流成本、服务质量、速度、可靠性等多个方面的分析。管理人员可以对这些关键性能指标进行综合评估，及时发现物流系统中存在的问题，并制定相应的优化策略。物流系统及其组成部分的评价过程是复杂且多维的，因为在物流系统的规划、分析与设计阶段，工作人员通常会提出多个技术上可行、经济财务上有利且社会效益良好的方案。要想在这些方案中选择最优解，自然需要借助系统的评价过程，即从系统整体出发，综合考虑各方案的优劣，结合物流系统的目标、评价标准以及环境要求选出最符合期望的方案并实施。因此，在物流系统的评价过程中，最关键的在于提出多个开发系统的可行方案，并通过系统评价从中筛选出最佳方案。

物流系统的评价既要考虑系统方案的技术先进性和经济性，还要兼顾方案的合理性与实际可行性，更要紧密结合社会需求与物流系统本身的供给能力，只有这样才能确保所选方案响应社会和市场的变化，保障物流系统长期可持续发展。这一评价过程可能会涉及对自然因素、技术因素、经济因素和社会因素等的考虑，这种综合考量会直接影响物流系统设计的成功，还关系到物流系统实施和运营的效率。例如，在考虑技术因素时，需要评估系统设计中使用的技术是否先进，能否适应未来的技术发展趋势；在经济因素方面，要分析投资的回报率、运营成本与经济效益；在社会因素考虑中，需评估系统实施对环境的影响、对社会就业的贡献及大众接受度等。因此，物流系统的评价不是一个孤立的步骤，而是一个多维度、多层次的决策过程，它要求评价者具备全面的视角和深刻的洞察力，能够在众多因素和条件的交织影响中，找到最合适的平衡点。基于这种方式，物流系统能在初始设计和规划阶段就得到科学合理的评估，在实际运营过程中也能被持续优化和调整，以适应不断变化的外部环境和内部需求，实现物流系统的长期稳定运行。

物流系统的规划、分析与设计阶段存在各种各样的问题，且这些问题通常是多目标和复杂的，这就意味着，要想实现物流系统的评价，就要综合评价这些问题。一般而言，涉及的问题越多，需要考虑的指标和方案就越多，就越需要从更全面的角度考虑问题，评价过程也会变得更加复杂。需要注意的是，在这种情况下，评价深受评价者个人价值观的影响，评价者的观点、立场和选择标准往往会导致对同一个问题的不同评价结果。因此，在物流系统的评价过程中，必须充分考虑这些主观因素和客观因素，努力寻找综合、客观、准确和科学的评价方法。在物流系统规划的每个阶段和层面，选择方案和评价是不断重复的，即每个阶段都需要对多个方案进行详细评估，以确保选择的方案最大限度地满足系统的多元目标和长远需求。例如，在系统的初步设计阶段，可能需要评价的方案包括不同的物流路径、运输模式、仓储解决方案以及技术平台的选择，每一个选项都需要根据预定的评价指标进行评分和比较，如成本效率、服务水平、操作灵活性以及系统的可扩展性和安全性。在物流系统规划中的决策阶段，需要评价的方案要体现适应快速变化的市场和技术环境的速度，因为随着新技术的出现和市场需求的变动，原有的方案可能需要调整，新的评价指标可能引入，以确保系统设计的持续适应性和前瞻性。因此，物流系统的规划和评价是一个动态的、迭代的过程，需要评价者具有开放的思维模式和灵活的决策能力。在实践中增强物流系统规划的客观性和科学性，可以采用群体决策方法，即邀请拥有不同背景的专家和利益相关者参与评价过程。这种方法有助于综合不同的观点和专业知识，降低个人偏见的影响，提高决策的整体质量。这种多方参与和多层次评价的方法，可以使人们更好地把握物流系统规划的复杂性，确保制订出最符合企业和社会需求的优质方案。

物流系统评价不仅限于企业内部的运营分析，还涵盖了与供应链上下游相关的企业情况。因此，这些物流企业的定位，在供应方和需求方之外，属于提供整合型物流服务的第三方。这样的定位，有助于将能提供全面物流解决方案的企业与那些只在物流链的单一环节如运输或仓储提供服务的公司区分开来。基于这一定位，物流企业能够进一步细分为7种主要的类型，分别为：

①运输服务型，主要提供各种运输服务；②仓储服务型，专注商品存储和保管；③配送服务型，负责商品的分发和“最后一公里”的配送；④速递服务型，提供快速递送服务；⑤代理服务型，主要承担货物的清关、报关等代理任务；⑥综合服务型，提供上述多种服务的组合；⑦其他新类型，涵盖一些创新的或特殊的服务模式。

这样的分类既有助于物流企业更明确自身的服务定位，也有助于客户选择服务提供者。

（二）物流系统评价的主要方向

1. 对物流系统不同项目的评价

在评价物流系统的过程中，物流企业可以针对物流技术工程、物流管理项目，以及物流运作方案三大类项目进行细致的评估，每类项目的评价都涉及多个层面，包括技术可行性、经济合理性、市场适应性、社会和环境影响以及企业自身的经济效益等。具体评价内容如下。

（1）物流技术工程

物流技术工程项目通常涉及物理资产的建设和技术的开发，如建设配送中心、仓库基建、修建公路、建立车队、开发新的物流技术等。评价这些项目的技术可行性主要关注所需技术的成熟度和实施复杂度。经济上的合理性则涉及项目成本、预期收益和回报期。物流企业还需要考虑这些技术工程项目是否能够满足市场当前和未来的需求，以及它们对社会和环境的潜在影响，如建设新设施可能对当地生态和社区造成的影响。

（2）物流管理项目

物流管理项目包括创建公司、组织机构改革、制订管理方案、优化规章制度、推行企业文化和更新发展战略等。这类项目的评价更多侧重项目的战略合理性和组织效益。技术上的可行性涉及信息技术和管理技术的应用，经济评价则着重考虑这些管理项目对企业效率和盈利能力的长远影响。这些项目还需评估这些管理改革是否能够提高企业的市场竞争力，这些企业是否具备适应市场变化的能力，以及是否会对员工和企业文化带来积极影响。

（3）物流运作方案

这类方案包括运输方案、配送方案、仓储方案、包装方案、装卸方案、物流信息化方案、业务外包方案以及第三方物流方案等。这些方案的评价需要综合考虑操作的效率、成本、可靠性和可持续性。技术可行性分析包括所需技术和设备的可用性与先进性，经济合理性评价涉及成本分析和成本效益比较，市场适应性评价关注方案能否满足客户需求、是否符合市场趋势，社会和环境影响评估则考虑方案实施对环境的影响和企业社会责任的履行。

在进行这些评价时，物流企业需要收集和分析大量数据，运用定量和定性的分析方法来支持决策。为了确保评价的客观性和全面性，物流企业通常需要促成跨学科的专家团队合作，使这些专家提供不同领域的专业知识和视角，建立一个综合的评价框架，系统地集成不同的评价维度，并考虑不同利益相关者的需求和期望。最终，这些评价结果将帮助企业选择最优的方案，确保物流系统规划和设计的成功。这些评价结果也能保证项目在实施和运行过程中实现预期的效益，满足技术、经济、社会和环境的多方面要求。

2. 对物流系统不同阶段的评价

物流系统评价主要包括现状评价、方案评价和实效评价三个阶段，每个阶段在物流系统规划和运作中都扮演着关键的角色。具体内容如下。

（1）现状评价

现状评价是物流系统评价过程的起点，这一阶段的主要任务是对现有的物流系统进行深入分析，识别其结构和运作的主要特点及存在的问题。对物流系统各子系统间的相互关系及内在影响因素进行详细评估，可以找出系统的优点和短板。这种诊断性评价能够帮助决策者全面了解现状，明确改进的方向。现状评价还包括对物流系统内部操作效率、成本控制、服务质量和客户满意度等方面的评估。这个阶段的评价结果是制定新策略和优化方案的基础，能够为后续的方案评价阶段做准备。

（2）方案评价

在现状评价的基础上，方案评价阶段涉及对可能的改进方案进行全面分析和选择。这一阶段的目标是筛选出在技术可行性、经济效益、环境影响及社会责任等多个维度上最优的物流方案。方案评价通常包括多个备选方案的成本/效益分析、风险评估以及对每种方案可能带来的长远影响的预测。这一阶段的关键在于综合考虑各种因素，确保选出的方案不仅在当前可行，而且在未来的发展中能持续产生积极效果。方案评价的结果会直接影响物流系统的改进决策和策略选择，是指导物流系统未来发展方向的重要依据。

（3）实效评价

物流系统评价的最后阶段是实效评价，该阶段在方案实施后进行。实效评价的主要任务是分析实施后的物流系统变化，旨在评估这些变化是否达到了预期目标，并分析未达到预期目标的原因。这一阶段的评价关注实际操作中的表现，包括效益和成本，以及实际结果与预期结果之间的偏差。实效评价是一个反馈机制，能够为物流系统提供持续改进的信息和数据支持。定性和定量方法的应用，可以让人们看出实效评价哪些方面的实施是成功的，哪些方面需要调整，从而指导未来的物流策略和操作。

这三个评价阶段构成了一个连续的循环，不断地优化和调整物流系统的规划与执行。这种层层递进的评价机制使物流系统在初始阶段得到了有效的规划和设计，也使人们能在实施过程中及时调整，确保整个系统的高效运作和持续改进。这种系统的评价方法是实现物流系统目标的关键，也是提高整个物流操作效率、增强竞争力的重要保证。

（三）物流系统评价的原则

客观而公正地评价物流系统，必须遵循一些基本的评价原则。物流系统评价的原则主要包含以下几个方面。

1. 可比性原则

可比性原则确保了评价的有效性和公正性。可比性原则要求评价的前提条件与评价内容保持一致，确保评价的对象、数据信息以及其他相关因素都是可以比较的。为了满足可比性原则的要求，评价指标的数据信息来源必须是清晰并且一致的，计算方法要公开透明，统计与测量方式需要标准化，选择的时间区段和具体时间点也应当具有一致性，避免由于时间差异产生评价偏误。可比性原则还要求在解释评价结果时，充分考虑不同评价对象在地域、经济、文化等方面的差异，因为这些差异可能会影响评价结果的解释和应用。确保评价过程中的各个方面都满足可比性原则，可以提高评价结果的可靠性，使评价结果更加有助于决策制定和改进工作。可比性原则主要体现在以下几个方面。

（1）效果相同

在评价不同的物流方案时，物流企业需要确保每个方案都能达到相同的效果或具有相同的使用价值，这意味着不同的物流路径、运输方式或技术应该在实现目标方面具有等效性。例如，无论是陆运还是空运，最终的送达时间和物品状态应该是可比的。

（2）单位相同

所有评价指标必须使用统一的量纲和单位进行测量，这不仅包括物理单位（如千米、千克），还包括经济单位（如成本、利润）。统一的测量标准是确保数据具有可比性的前提，有助于消除因单位不同造成的解读偏差。

（3）时间区段和时间点的可比性

评价物流方案必须考虑时间因素的影响。选择的时间区段应当是相似的，以便对数据进行公平比较。例如，在比较节假日和非节假日的物流性能时，应该明确指出时间的选择是为了反映特定条件下的物流效能。

（4）价格可比性

物流成本是评价物流效率的一个重要指标。为了确保价格具有可比性，需要将不同时间点的价格调整到一个共同的基准上，通常是将价格调整为不变价。这种做法可以避免由于通货膨胀或市场波动导致的价格变动，使不同时间点的成本数据具有可比性。

2.客观性和公正性原则

评价的客观性和公正性原则是确保评价结果真实和可靠的关键因素，直接影响决策的有效性。因此，只有确保评价的每一个步骤都是客观和公正的，才能为决策者提供准确的信息和数据支持。以下是强化评价客观性和公正性原则的几个关键措施。

（1）确保覆盖全面

评价应涵盖所有相关领域，避免由于信息不全导致偏差，这包括对问题的各个方面进行深入分析，收集所有相关的数据和信息。例如，在评价一个项目的效益时，应该考虑经济、环境、社会等多方面的影响。

（2）数据的可靠性

确保使用的数据来源可靠，数据收集和处理方法科学。这意味着需要使用验证过的工具和方法来收集和分析数据，如使用国际认可的统计方法和标准化的调查问卷。

（3）评价标准的正确性

制定清晰、合理的评价标准和指标，这些标准和指标应被广泛接受且适用于当前的评价目标。评价标准的设定应基于客观事实和专业知识，避免受到任何个人或集体偏见的影响。

（4）防止评价人员的倾向性

采取措施消除评价人员可能存在的偏见，这可以通过多种方式实现。例如，对评价人员进行适当的培训，强调客观和公正的重要性，以及使用双盲方法，即评价人员不知道评价的具体参与者，避免潜在偏见。

（5）评价人员的代表性和多样性

确保评价团队具有广泛的代表性和多样性，包括不同的专业背景、性别、文化和地理区域的代表。评价人员的代表性和多样性可以增加观点的广度，提高评价的全面性和深度。

（6）透明性和开放性

评价过程应当透明，评价标准、方法、数据来源和结果应对所有利益相关者开放。这不仅可以增加评价的可信度，还可以让外部的专家和公众进行监督和提供反馈，进一步确保评价的客观和公正。

上述措施可以大大提高评价的质量，确保评价结果的客观和公正，从而为决策提供坚实的基础，支持有效的决策制定。

3. 系统性原则

在物流系统评价中，系统性原则扮演着核心角色，其主要目的是确保选取的评价指标全面而完整，能够综合反映系统的各个方面和目标。这一原则要求评价指标覆盖物流系统的关键性能参数，如运输效率、成本控制、服务质量和客户满意度，考虑环境影响、技术创新、员工满意度以及系统的可持续性等多维度因素。例如，在一个复杂的物流系统中，仅仅关注快速交货可能会忽视成本效益、环境责任或长期的客户关系管理。因此，系统性原则指导下的评价指标设计应该包括从物流操作的基本功能到系统长期可持续的所有关键方面。这种全面的评价体系可以帮助企业发现潜在的改进区域，避免因偏重某一方面而忽略了其他同样重要的方面。在指标选择过程中，物流系统工作人员应与业务相关的多个部门进行交流合作，确保所选指标真实反映系统的全貌。

4. 综合性原则

在物流系统的评价中，评价方法和手段的综合性尤为重要，因为它能够将不同评价方法和工具的优势结合起来，生成一个多角度、全方位的评价结果。物流系统复杂多变，涉及多个环节，如存储、运输、配送，每个环节都有其特定的挑战和需求。因此，采用单一的评价方法往往难以全面捕捉所有重要的维度和影响因素。例如，量化分析可以提供精确的数据支持，但可能会忽视一些定性的、难以量化的影响因素，如客户满意度或员工的工作态度。为了实现更全面的评价，物流系统的评价应该综合运用多种方法和手段，如定量分析（数据统计和模型模拟）与定性分析（专家访谈和案例研究）相结合。这种方法可以充分利用各种手段的优势，获得更加深入和全面的洞察。系统动力学模型、优化算法技术等分析工具可以帮助评价者理解复杂的系统动态和交互效应，而SWOT分析（优势、劣势、机会、风险）等工具则可以为评价者提供关于系统外部环境和内部能力的宝贵见解。综合运用多种评价方法和手段，决策者可以更全面地考察系统运行的效率和效果，深入了解系统的潜在风险和改进机会，拥有坚实的决策支持基础。这能够使决策者制定更为有效的策略和措施，优化整个物流系统的性能。

5. 独立性原则

在物流系统评价中，独立性原则可以确保评价指标之间的清晰划分和功能独立，避免重复或冗余，提高评价的效率和准确性。换言之，物流系统评价体系中的每个评价指标应具有明确的定义和目标，而且在同一层次的评价体系中，各指标间不应存在相互重叠或直接依赖的关系。实现独立性原则的关键在于仔细设计和选择指标，这就意味着人们在制定物流系统的评价指标时，必须进行彻底的需求分析，确保每个指标都能够独立地衡量系统的一个具体方面。例如，物流效率指标应专注测量货物从一点到另一点的速度和准时率，而成本指标则应单独评估运输过程中的经济资源消耗。保持指标的独立性，可以采用统计方法，如因子分析识别和去除指标间的潜在相关性，这有助于揭示不同指标之间的独立性，确保每个指标提供独特的信息，增强评价体系整体的有效性和可靠性。随着业务环境的变化和物流技术的发展，某些原本独立的指标可能变得不再适用或开始重叠，定期地进行评审可以确保评价体系持续适应新的业务需求和环境变化，同时维护指标的独立性和代表性。

二、物流系统评价的步骤

（一）确定物流系统目标和评价范围

要进行有效的物流系统评价，必须深入理解该系统建立的目标，包括系统设计的主要功能、期望达到的业务成果，这一步是评价过程的基础。只有充分了解系统的目的和背景，评价者才能准确地定义评价的范围和深度。确定目标后，评价者需要对物流系统的资料进行全方位的收集，包括系统的历史性能数据、用户反馈、行业标准对比等信息，然后利用先进的数字分析工具对物流系统的现有状态进行全面剖析，从而识别出系统的强项和需要改进的领域，得出评价的范围。评价的具体范围可以包括特定的仓库或配送区域等地理位置，还可以包括供应链管理、库存控制、运输管理等物流系统的具体内容。除此之外，还要涉及前线操作员、物流经理、客户服务部门等物流从业人员和部门，因为这些都直接影响物流系统的效率和效果。

（二）构建系统评价的指标体系

构建一个有效的评价指标体系是确保物流系统评价成功的关键步骤，这个体系需要通过客观和全面的方式，整合各种因素来衡量和对比不同的备选方案。构建评价指标体系必须确保指标与评价系统的目标和功能紧密相连，这意味着每个指标都应该直接反映系统的特定目标，如效率、成本、可靠性或客户满意度等。选定指标应从多个维度综合考虑，如操作性能、财务效益、服务质量和环境影响，每个指标的选择都应基于彻底的调查、讨论及对大量相关资料的分析研究。这一步既涉及运营统计、财务报告等内部数据，还涉及市场趋势、行业标准和竞争对手分析等外部信息，以确保评价指标科学合理，具有实际应用的相关性和有效性。评价指标体系的构建应遵循明确的逻辑结构以及指标之间的关系清晰，以避免重复或交叉，保持评价的精确性和一致性。评价指标体系一旦建立，就需要定期进行评审和更新，因为某些指标可能会随着业务环境的变化、技术的发展以及新的运营策略的实施变得不再适用或需调整。因此，持续的评估和改进是确保指标体系始终有效、反映最新业务现状的必要措施。

（三）确定评价指标权重

在进行物流系统评价时，确立各评价指标的权重是一个关键环节，关乎评价结果的公正和准确。指标权重反映了各指标在整体评价体系中的相对重要性，是评价过程中不可或缺的组成部分，如果权重设置不合理，即使是最精细的数据收集和分析也可能会产生具有误导性的评价结果。确立指标权重通常依赖多种方法，包括但不限于专家咨询、数据统计方法和决策支持工具。专家咨询依赖行业专家的知识和经验来评估各指标的重要性，这种方法可以为评价者提供深入的洞见，但可能带有主观性；数据统计方法（如相关性分析和回归分析）可以帮助评价者确定哪些指标对评价结果影响最大，从而科学地分配权重；决策支持工具（如层次分析法或模糊综合评价）采用结构化的决策过程帮助决策者客观地分配权重。确定指标权重还需要考虑业务战略和目标的优先级，确保权重分配与组织的长期目标和战略一致。例如，一个物流公司特别强调成本效率，那么与成本相关的指标在评价体系中应该拥有更高的权重。权重的设定还应考虑指标之间的相互影响和平衡，避免过分强调某一方面而忽略其他同等重要的方面。为了保证权重设定的有效性和适应性，工作人员应定期对权重进行审查和调整。某些指标的重要性会随着市场环境的变化、技术的进步和业务战略的调整上升或下降，因此需要相应调整以反映这些变化。

（四）构建评价模型

构建一个有效的评价模型是进行物流系统评价的核心步骤，这一模型必须能够适应不同阶段的评价需求，并对各种方案进行全面分析。选择评价方法需要根据物流系统的具体特点和评价目标进行。评价方法可以分为定性的、定量的以及两者相结合的方法。定性方法侧重描述性分析，适用于处理那些难以用数字量化的软性指标，如用户满意度或服务质量；定量方法则依赖数据和数学模型，适用于可以具体量化的性能指标，如成本、时间与效率。评价模型的构建既要考虑物流系统的运作特点，又需考虑评价的整体目的。如果评价的重点是成本效益分析，那么需要制定偏重定量的财务指标；如果评价的重点是服务质量改进，则更加依赖定性的客户反馈和满意度调查。为了保证评价的全面性，评价模型应该兼顾不同阶段的评价需求，从系统的输入到输出，每一环节都需要运用相应的评价方法确保结果的全面性和准确性。选择评价方法还需要考虑成本与效果，评价活动本身也涉及成本，包括时间成本、人力资源和可能的金融投入。因此，评价方法的选择应确保方法的经济性，避免过度消耗资源。

目前，评价模型多采用混合方法，结合定性和定量方法，提供更加全面的分析，提高评价结果的可靠性和适应性。例如，可以使用层次分析法确定不同评价指标的权重，再结合模糊逻辑或专家系统处理定性数据，最后利用数据包络分析或类似的统计方法处理定量数据。

（五）单项评价或综合评价

1.单项评价

单项评价是评价过程的重要组成部分，专注系统中某一特定方面或指标的细致分析。这种评价方法允许决策者深入了解每个评价指标的表现，精确测量系统某一特性的实现程度。单项评价的结果对于指出具体操作中的优点和缺陷非常有用，可以帮助管理层识别改进的领域，优化特定方面的性能。例如，在物流系统中，如果单独评估交货速度，单项评价将会详细记录并分析交货时间，从而确定该系统在快速交付方面的效率。尽管单项评价提供了关于系统某一方面的深入见解，但它仅限于单一维度的评估，无法全面反映整个系统的综合表现。单项评价不考虑各个指标之间的相互影响和综合效应，不能直接用来判断整个方案的优劣，它通常被视为评价体系中的基础步骤，为后续的综合评价提供必要的详细数据和前期分析。要想获得关于物流系统整体性能的全面认识，单项评价必须与其他评价方法相结合，综合评价模型整合各单项评价的结果，只有这样才能形成对物流系统全面性能的准确判断。

2.综合评价

综合评价是在单项评价的基础上进行的更为全面的分析过程，它整合了各个单项指标的评价结果，能够按照既定的评价准则和指标权重体系，对物流系统的整体性能进行评估。这种评价不仅侧重各个指标的具体表现，而且考虑了指标之间的相互关系和综合影响，提供了全局视角的系统分析。在进行综合评价时，决策者会利用技术经济方法评估和对比不同的可行方案，这些方法可能包括成本/效益分析、风险评估、敏感性分析等，是揭示各方案在实际应用中优势和潜在缺陷的重要工具。综合评价能够识别在特定条件下最为满意且可行的物流方案，从而支持决策者作出最优的决策。综合评价也强调了数据和模型的重要性，这个过程会使用多种数据源和分析模型，如模拟模型、优化算法或决策支持系统，帮助决策者从大量复杂的数据中提取有价值的信息，进行高效的决策分析。这种综合的分析方法不仅增加了评价的准确性，也提高了评价的实用性和策略价值。综合评价的深入分析有助于明确系统的强项和弱点，优化资源配置，提高整体运营效率，确保所选择的物流方案最大限度地满足组织的业务需求和长期战略目标。综合评价为决策者提供了一种科学、系统的评价方法，使其能够从多个角度和多个层面理解物流系统的综合表现。

第二节　智慧物流评价体系构建原则与指标

一、智慧物流评价体系构建原则

智慧物流系统作为基于数字技术的智慧化物流系统，其评价体系的构建要遵循以下几个原则。

（一）共性与个性相结合的原则

构建智慧物流评价体系必须遵循共性与个性相结合的原则，这是因为智慧物流系统在核心结构和功能上与传统物流系统具有一定的相似性，即两者存在共性。智慧物流系统是传统物流系统的智慧化升级，有自己的个性特征。基于此，智慧物流评价体系的构建需要遵循共性与个性相结合的原则。智慧物流系统的共性主要体现在其核心活动上，即通过控制供应链中的商流、物流、资金流、信息流，将产品完好无损地送达消费者，如计划制订、原材料采购、产品生产、存储管理、分销策略以及最终的销售服务。这些活动是构成物流系统的基础，不论是面向消费者市场还是工业市场，都需要经过这些连贯的流程确保产品从供应端顺利转移到需求端。因此，建立智慧物流评价体系需要考虑对数字技术的基础应用（如信息流管理的自动化和数字化程度）。这些技术的集成程度会直接影响物流系统的效率和透明度。智慧物流的评价体系应包含对这些技术应用的评价，如实时数据处理能力、人工智能在物流决策中的应用效果，以及物联网技术在监控和追踪产品流动过程中的应用情况。

每个行业的智慧物流系统在操作细节和具体要求上存在显著差异。例如，在高科技行业中，智慧物流系统可能需要特别关注创新速度和市场响应时间；而在医疗行业，智慧物流系统的重点可能更多在于保证产品的安全性和符合严格的法规要求。因此，智慧物流系统评价体系需要灵活地适应这些特定的行业要求，对评价指标进行相应的调整，确保既能捕捉到物流系统的共性功能，又能反映其在特定行业中的独特性。遵循共性原则与个性原则，可以构建多维度、多层次的智慧物流评价体系，全面地反映物流系统的整体表现和特定环节的效率，促进物流系统在不断变化的市场环境中持续优化和升级。

（二）定量与定性相结合的原则

在构建智慧物流评价体系中，定量与定性相结合的原则确保了评价的全面和客观。定量指标利用统计数据进行分析，为评价者提供了明确、客观的评价基础，便于评价者应用数字化的方法准确衡量物流系统中的各个方面，如运输时间、成本效率、库存周转率，进而为评价结果提供坚实的数据支撑。然而，单纯依赖定量指标忽视了一些重要的非量化方面，如员工满意度、服务质量的感知、客户忠诚度，这些往往需要使用定性指标来评估。定性指标虽不如定量指标那样易于使用数字表达，但它们对物流系统的某些软性特征有着深刻洞察，这些特征对于系统的成功同样关键。因此，智慧物流评价体系的构建应优先考虑定量指标，因为这些指标可以提供明确的性能衡量标准，构建评价框架，然后辅以定性指标填补那些定量数据无法覆盖的评价领域。例如，评估一个自动化仓库系统，除了需要量化库存管理效率和订单处理速度，还需要评估员工对新系统的适应性和满意度，以及系统实施后对客户服务质量的影响。

在智慧物流系统中，技术因素和人文因素常常交织在一起，技术的高效运行需要得到人员的有效支持和积极响应。因此，综合运用定量与定性指标可以促进更加平衡的决策过程，从而更全面地评估系统的实际运行效果，为评价者提供更加准确和公正的评价结果。实践要求评价者具备跨学科的知识和技能，能够设计出既包含硬数据分析也包括软数据解读的综合评价模型。这样的模型可以提高评价的准确性，增加评价结果的适用性和信任度，使决策者能够在全面了解系统表现的基础上，作出更合理的改进决策。

（三）经济性与效果性相结合的原则

在构建智慧物流评价体系的过程中，经济性与效果性相结合的原则确保了物流系统在具有高效率和高效果的同时，注重资源的合理利用和成本控制。经济性强调的是在物流操作中实现成本最小化，运用优化资源分配、减少浪费、提高能效等手段降低整体运营成本；效果性则侧重评价指标能否准确反映物流系统的性能，确保设定的指标真实地反映系统的操作成效，如准时交付率、订单准确性、客户满意度等。基于这两个方面构建智慧物流评价体系，需要平衡成本与效益，关注投入与产出的比例。这种平衡涉及财务成本以及对时间、人力和环境成本的考量。例如，在自动化仓库系统中，引入先进的自动化设备虽然初期投资较大，但从长远来看，可以显著地提高作业效率，减少错误率，降低长期的人工和运营成本，实现经济性与效果性的双重优化。

在智慧物流系统中，经济性与效果性的结合意味着需要对技术投入和技术产出进行严格的评估。通常情况下，高科技的物流解决方案在提高操作效率和服务水平方面有明显的效果，但也应考虑这些技术解决方案在成本上的合理性，所以评价体系应该包括对这些技术实施前后性能改进的具体评估以及它们对成本结构的长期影响。智慧物流评价体系还需考虑可持续性和社会责任。这些因素虽然在短期内可能增加成本，但从长远来看，是提高企业品牌价值、增强市场竞争力的重要因素。因此，评价体系中的经济性考量不仅考虑成本最小化，更考虑资源利用的最优化。综合考虑经济性与效果性，智慧物流评价体系能够更全面地衡量物流系统的性能，确保物流活动在实现最佳经济效益的同时，达到预期的运营效果。这样的评价体系可以使企业更加精准地制定物流策略，优化资源配置，从激烈的市场竞争中脱颖而出。

（四）长期目标与中短期目标相结合的原则

在构建智慧物流评价体系时，长期目标与中短期目标相结合的原则确保了物流系统即时业务的成功和未来的可持续发展。长期目标通常关注建立一个高效、成本效益高、具有较强竞争力和可持续的物流系统，这要求系统设计能够适应未来的市场变化、技术进步和环境；而中短期目标则侧重实现具体、可量化的业绩指标，如提高客户满意度、缩短交货时间、提高资源利用率。将这两种目标结合起来，意味着构建智慧物流系统的评价体系需要同时衡量和监控短期的操作效率和长期的战略成效。这种双重关注能够帮助供应链管理者在节约成本和提高效率的同时不忽略技术创新、系统可扩展性和生态环境影响等长期因素。例如，在实施新的自动化技术或应用新的信息系统时，评价体系需要评估这一系统对当前操作的改进以及对未来业务增长潜力的贡献。智慧物流评价体系中融合长短期目标的实践，还需考虑不同时间尺度下的资源配置和风险管理，因为某些投资在短期内可能看似成本高昂，但从长期来看能够为企业带来持续的利益。因此，智慧物流评价体系应能够动态调整和响应快速变化的市场需求，以确保即时目标的达成，并逐步推动长期目标的实现。基于这种方式，评价体系不仅能够激励即时的业务改进，还能够确保企业的长远发展，避免因短视而牺牲企业的未来潜力。

二、智慧物流评价体系的具体指标

在构建智慧物流评价指标体系时，明确具体的评价指标是关键。这些指标可以全面反映物流系统的效率、效果和创新能力。

（一）投入产出比

投入产出比是评价智慧物流系统效率的一个核心指标，衡量的是一定时间内系统为处理每单位产品所投入的资源（包括资金、能源和人力）与产出（如完成的订单数量和处理的货物量）之间的比例，直接反映了系统在资源利用方面的效能。在理想情况下，一个较低的投入产出比表示物流系统能够以最少的资源投入获取最大的经济回报，这是物流系统设计和运营追求的目标。在具体量化时，可以考量如物流成本（包括运输、仓储、人力和管理费用）与完成的配送任务数量，处理的订单量或物流系统创建的收入之间的关系。例如，一家物流公司在一个月内投入 100 万美元的运营成本，产生了 200 万美元的收入，其投入产出比为 1 ∶ 2，表明每投入 1 美元产出 2 美元，有着较高的资源使用效率。定期跟踪这一比率的变化可以帮助管理层识别效率升高或下降的趋势，使管理层据此调整战略。

在实际应用中，维持或改善投入产出比涉及多个方面。首先，优化物流路径和提高自动化水平。这可以减少人力需求，降低运输成本，提高资源使用效率。其次，实施精益物流管理，减少系统中的浪费，如过度的库存、不必要的步骤或等待时间。再次，采用高效的信息技术，如实时数据追踪和供应链管理软件，提高决策的准确性，确保资源被有效分配到最需要的地方。最后，提高投入产出比还需要企业对物流系统进行持续的监控和评估，确保所有操作都能达到既定的效率标准。这包括定期检查和升级设备，培训员工以提高其工作效率，调整物流策略以应对市场变化。这些措施使企业不仅提高了物流系统的经济性，还提高了其适应市场波动的能力，确保具备长期的竞争优势。

（二）质量比例

质量比例是评价智慧物流系统中产品或服务质量管理效果的关键指标。质量比例指标主要关注物流过程中的质量控制，将货物损坏率和客户投诉率量化，即计算一个时期内无损坏货物的配送次数与总配送次数的比例。低货物损坏率和客户投诉率表明物流系统在保护产品质量方面表现良好，能够将产品安全无误地送到客户手中。例如，一家公司在 1000 次配送中有 990 次未发生货物损坏，其货物损坏率为 1%，证明该公司有较高的质量控制标准。

维持物流系统中的质量比例需要多方面的努力。第一，对物流设施和设备进行适当的维护和升级，包括确保仓储和运输设施提供足够的保护，如温度控制、湿度管理及抗震设施，避免因环境因素导致产品损坏。第二，对物流操作流程进行优化，包括包装、装载、运输和卸载过程的标准化，这些流程的每一步都必须尽可能减少对货物的潜在损害。第三，对员工进行专业的质量培训，提高他们对质量控制重要性的认识。定期培训员工，可以帮助他们了解最新的物流安全和质量控制技术，使他们在日常工作中有效地实施这些标准和流程。第四，引入先进的追踪和监控系统，如条形码或 RFID 技术，实时监控货物状态，及时发现并处理潜在的质量问题。第五，建立有效的客户反馈机制。系统地收集和分析客户反馈，可以使企业迅速识别质量控制中的漏洞，并采取措施进行改进。这种从客户反馈中获得的第一手质量信息是不断优化物流过程、提高客户满意度的宝贵资源。运用这些措施不断优化质量比例，不仅能确保物流操作的每一环节都致力提供最高标准的产品质量，还能提高物流系统的整体性能，增强企业的市场竞争力，提高客户的忠诚度，为企业带来长远的发展。

（三）响应时间

响应时间是评价智慧物流系统效率的关键指标之一，是衡量物流系统对客户需求反应迅速性的指标，贯穿物流系统从接收订单到完成货物配送的整个周期。在当今快速变化的市场环境中，能够迅速满足客户需求的企业往往具有竞争优势，这就意味着响应时间指标直接关系到客户满意度和企业的市场竞争力。较短的响应时间可以丰富客户的购买体验，提高客户的忠诚度，塑造良好的品牌形象。响应时间指标可以通过跟踪订单处理时间、配送准备时间及实际运输时间等量化。例如，一件产品的物流操作从物流系统接单开始计时，直到该产品配送到用户手上结束，这样的一单记为一个响应时间周期。累积规定时间内配送完成的订单数量，再用总处理时间除以处理的订单数量，计算出平均一个订单的处理时间，这就是响应时间的平均值。

为了缩短响应时间，物流系统必须进行高度自动化和精细化管理，如使用高效的订单处理系统。这些系统能够快速、准确地处理订单，并立即启动配送流程。仓库管理和运输管理需要应用数字技术实现数字化转型，优化库存布局和路线规划，减少货物准备和运输所需的时间。智慧物流系统还可以引入先进的预测和分析工具，分析历史数据和市场趋势，预测客户需求，提前做好库存和资源配置的准备，以便在订单到达时迅速响应。例如，利用大数据分析确定的热销产品可以提前配送到需求高的地区的仓库，从而在订单处理时缩短发货时间。进一步加强供应链协作也是减少响应时间的有效方法，供应商和分销商紧密合作，能够确保物流系统在供应链的每个节点都迅速反应，从整体上缩短完成订单的时间。

（四）配送准时率

配送准时率通过比较按时完成的配送任务与总配送任务的比例来量化，通常以百分比表示，能够直接反映物流系统按照预定计划完成配送任务的能力。例如，一个物流公司在 100 个配送任务中有 95 个按时完成，那么其配送准时率就为 95%。高配送准时率是物流服务质量的重要体现，能够显著地提高客户满意度，因为及时配送是客户服务中最为直接和关键的一环。从经济角度来看，高配送准时率还可以帮助企业减少因延误造成的额外成本，延误配送可能导致客户不满、赔偿甚至流失客户，这对企业的财务和品牌都是重大打击。例如，延误可能导致企业支付急件费用，或者在某些情况下，客户可能因为配送不及时而取消订单，从而直接影响企业的销售收入。

为了提高配送准时率，物流系统需要采取一系列策略。首先，优化路线是提高配送效率的关键。使用高级的路线规划软件可以帮助物流公司找到最快捷的配送路径，减少因交通拥堵或迂回路线造成的延误。其次，实时的货物跟踪和管理系统也是保证配送准时的重要工具。物流公司实时监控货物的位置，可以及时应对各种突发状况，如车辆故障或突发天气，快速调整配送计划。最后，加强与供应链上其他环节的协调也非常关键。物流公司需要与供货商、仓库及最终客户保持密切的沟通和协作，确保整个供应链的信息畅通无阻，从而在整个订单处理过程中保持高效率。

（五）成本效率

成本效率涉及控制和优化运输成本、仓储成本以及管理成本等多个方面。量化成本效率的具体做法是详细分析各项直接成本和间接成本，然后与物流活动产生的总收益进行比较，以此评估成本控制的有效性和资源使用的优化程度。

运输成本是物流系统中的主要开支之一，包括燃料费用、车辆维护费用、司机薪资以及路桥费等。量化运输成本效率可以通过计算每单位产品的运输成本来进行，如将总运输费用除以运输的货物总量，得出每吨货物的运输成本。仓储成本涉及仓库租赁、设施维护、库存保管以及相关的人工费用。量化仓储成本效率可以通过计算仓储成本与处理货物总量的比率，或者分析库存周转率来进行。管理成本包括所有管理活动产生的费用，如员工培训、系统升级以及日常管理操作。量化管理成本效率可通过比较管理成本与物流系统产生的总效益来进行。综合考量这些成本与物流系统的总效益可以得出整体成本效率，物流管理者可以持续监控成本数据并与行业标准或过往表现比较，实施改进措施，不断优化成本结构，最终实现物流系统的经济效益最大化。

提高物流成本效率是物流和供应链管理中的核心目标，以下是几种有效优化和降低物流成本的方法。

①采用技术自动化。自动化设备和先进物流管理系统的应用可以减少人工操作的需求，提高操作效率。例如，自动化仓库系统和智能输送带可以加快货物处理速度，降低错误率，缩减劳动力成本和相关的管理成本。

②优化库存管理。实施精益库存管理策略，如及时补货，可以显著地减少库存水平，避免过度存储导致的资金占用和仓储费用。使用先进的库存管理软

件可以准确预测需求，避免库存过剩或短缺。

③改进运输策略。优化运输路线和合理安排货物装载可以减少运输距离和时间，降低燃料消耗和运输成本。采用多式联运和合并小批量货物的策略也能有效减少运输支出。

④合理配置资源。通过分析数据确定各运输模式和仓库的最佳运营策略，合理分配物流资源。例如，根据货物的大小、重量和交付紧急程度选择最经济的运输方式。

⑤供应商管理与协作。与供应商建立紧密的合作关系，集中采购可以获得更好的价格和服务。与供应商共享需求预测和库存数据，可以帮助双方更有效地协调生产和配送计划，减少资源浪费。

⑥持续改进和监控。定期审查和评估物流过程，持续改进方法，寻找降低成本的新机会。监控关键绩效指标，如配送准时率、货物损坏率和客户满意度，有利于识别成本节约的潜在领域。

（六）技术创新

技术创新是提高物流系统运营效率和服务质量的关键驱动力，包括自动化技术、信息技术和其他先进技术的引入和应用，这也意味着技术创新可以运用多个层面的指标来量化和评估。首先，自动化水平的提高是衡量物流技术创新的直接指标，包括自动化仓库系统、无人搬运车、自动分拣系统等的引入和使用程度。这些技术的量化可以通过计算自动化设备占总物流操作设备的比例，或者评估自动化技术对运营效率的提升百分比来实现。例如，自动化仓库系统的应用会使订单处理时间减少 40%，这种量化结果清晰地显示了技术创新对效率的具体影响。其次，信息技术的应用，如物联网和大数据分析，对于提高物流系统的透明度和响应速度至关重要。应用物联网技术可以实时跟踪货物和设备，优化资源配置和运输路线；大数据分析则可以用来处理和分析大量物流数据，预测需求趋势，优化库存管理。这些技术的应用效果可以通过减少货物在途时间、提高库存周转率等具体指标来量化。最后，创新技术的引入率也是一个重要的量化指标，对其的衡量方式是计算物流系统每年采纳新技术或升级现有技术的次数。这些具体的量化方法可以准确评估技术创新在实际操作中的应用成效，以更好地指导未来的技术投资和策略调整，提高现代物流企业的竞争力。

第三节　智慧物流综合评价方法

一、层次分析法

层次分析法是一种理想的决策支持工具。该方法建立了一个多层次的结构模型，将复杂的决策问题分解为更易管理的部分，使决策者能够系统地评估各种因素对最终决策的贡献，特别适合处理物流系统中复杂的多目标评价问题。在智慧物流系统的评价中，层次分析法的应用可以明确不同物流活动之间的相对重要性，如运输效率、成本控制、服务质量和环境影响，不仅能帮助管理者识别最优的操作和改进策略，还能在物流策略制定和资源分配中发挥关键作用，为决策者提供一种系统的方法来支持更明智、更具前瞻性的物流决策，有助于提高整体物流效率和客户满意度，并促进企业的长期可持续发展。层次分析法的具体步骤包括建立评价系统层次结构、构建判断矩阵、确保判断矩阵的一致性。

（一）建立评价系统层次结构

使用层次分析法建立评价系统需要先定义系统所要达到的总目标，然后识别影响这一目标的各种因素，并建立一个多层次的层次结构。这种层次结构通常包括目标层、准则层、指标层和方案层，每一层针对决策过程中的不同方面。

1. 目标层

目标层是层次结构的顶层，明确了整个评价系统的最终目的或目标。例如，在物流系统的评价中，目标可能是“优化物流效率”或“最大化客户满意度”。

2. 准则层

准则层位于目标层之下，包括影响顶层目标实现的主要准则和评价标准。这些准则是决策过程中考虑的主要维度，如运营效率、成本效率。

3. 指标层

指标层进一步细化了准则层，包含具体的评价指标，这些指标是实际可测量的变量，用于对准则层的抽象概念进行具体化和量化。例如，运营效率可以通过“订单处理时间”“配送速度”“自动化水平”等具体指标来评价；成本效率可以通过“单位运输成本”“库存成本”等来衡量。

4. 方案层

方案层是层次结构的底层，包含所有可能的决策选项或方案。在实际应用中，这些方案是具体的策略或行动计划，决策者需要从中选择最优方案。例如，物流系统改进的方案可能包括“引入新的自动化设备”“优化现有供应链结构”等。

以智慧物流系统的综合效率为目标绘制的层次分析结构图，如图 5-1 所示。

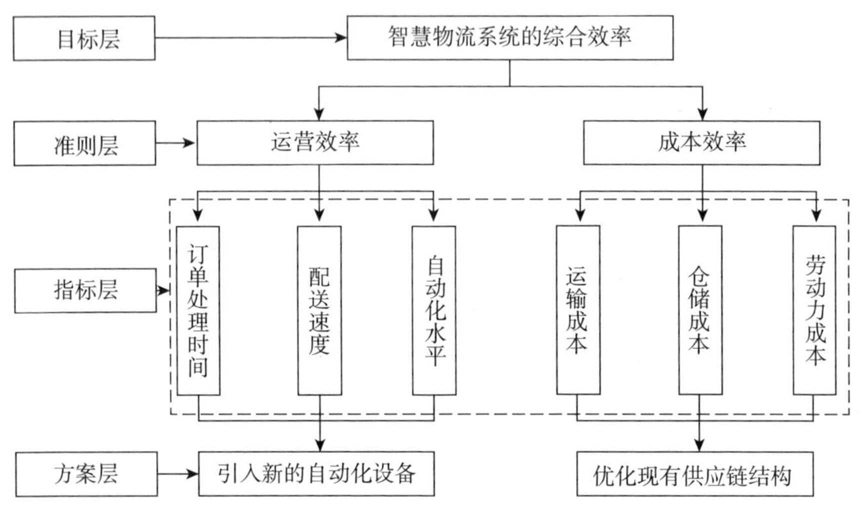

图 5-1 智慧物流系统的综合效率层次分析结构

（二）构建判断矩阵

构建判断矩阵是层次分析法中的一个核心步骤，用于量化几个决策元素的相对重要性。这个过程涉及将评价标准或选项按照其对上一层因素的相对重要性作比较，并将这些比较结果以矩阵形式表示。这种判断矩阵能够帮助决策者系统化和数字化地处理主观判断，为最终决策提供数学基础。

假设 A 层因素中存在 $\boldsymbol{A}_k$ 与下一层次 $\boldsymbol{B}$ 中的 $\boldsymbol{B}_1$，$\boldsymbol{B}_2$，…，$\boldsymbol{B}_n$ 有联系，可以构造的判断矩阵如表 5-1 所示。

表 5-1　判断矩阵

$\boldsymbol{A}_k$	$\boldsymbol{B}_1$	$\boldsymbol{B}_2$	$\boldsymbol{B}_j$	$\boldsymbol{B}_n$
$\boldsymbol{B}_1$	b_{11}	b_{12}	b_{1j}	b_{1n}
$\boldsymbol{B}_1$	b_{21}	b_{22}	b_{2j}	b_{2n}
$\boldsymbol{B}_i$	b_{i1}	b_{i2}	b_{ij}	b_{in}
$\boldsymbol{B}_n$	b_{n1}	b_{n2}	b_{nj}	b_{nn}

表 5-1 中的 b_{ij}（i=1，2，…，n；j=1，2，…，n）表示对于 $\boldsymbol{A}_k$ 而言，$\boldsymbol{B}_i$ 对 $\boldsymbol{B}_j$ 的重要性标度值。

判断矩阵也可以用向量表示，即：

$$\boldsymbol{A}=\begin{bmatrix} b_{11} & \cdots & b_{1n} \\ b_{21} & \vdots & b_{2n} \\ \vdots & & \vdots \\ b_{n1} & \cdots & b_{nn} \end{bmatrix}$$

在上述判断矩阵中，每个元素 b_{ij} 都满足以下几个条件。

① $b_{ij} > 0$，表示所有的比较结果都是正数，因为一个因素不可能对目标没有任何重要性。

② $b_{ij}= 1$ ，即矩阵的对角线元素都为 1，表示每个因素与其自身的比较是等价的。

③ $b_{ij}= 1/b_{ji}$，代表该矩阵为正互反矩阵，意味着如果因素 $\boldsymbol{B}_i$ 相对于因素 $\boldsymbol{B}_j$ 的重要性是 x，那么 $\boldsymbol{B}_j$ 相对于 $\boldsymbol{B}_i$ 的重要性就是 $1/x$。

在层次分析法中，为了将定性评价转化为定量评价，可以引入适当的标度值。其中，托马斯・萨蒂（Thomas Saaty）提出的 1 ～ 9 的标度方法起到了核心作用。这种标度方法使决策者能够将对因素重要性的主观感觉量化为具体数值，从而形成可用于计算和比较的数值判断矩阵。

上述判断矩阵中的 b_{ij} 通常取 1,2,…,9 或它们的倒数，取值如表 5-2 所示。

表 5-2 判断矩阵中 b_{ij} 的取值及对应的含义

b_{ij}取值	对应含义
1	因素 B_i 与因素 B_j 同等重要
3	因素 B_i 和因素 B_j 同相比稍微重要
5	因素 B_i 和因素 B_j 同相比明显重要
7	因素 B_i 和因素 B_j 同相比强烈重要
9	因素 B_i 和因素 B_j 同相比极端重要
2，4，6，8	表示上述两相邻判断的中间值
1，2，…，9 的倒数	因素 B_i 相对于因素 B_j 的重要性是 x，B_j 相对于 B_i 的重要性是 $1/x$

（三）确保判断矩阵的一致性

在层次分析法中，确保判断矩阵的一致性是至关重要的，因为它能够影响决策的有效性和可靠性。为此，萨蒂提出了一致性指标（Consistency Index, CI）和平均随机一致性指标（Random Consistency Index, RI）来评估判断矩阵的一致性水平。一致性指标是通过计算矩阵的最大特征值（λ_{max}）和矩阵的阶数（n）的差值后除以（$n-1$）得到的：

$$CI = \frac{\lambda_{max} - n}{n - 1}$$

在理想情况下，如果所有的判断都是完全一致的，则矩阵的最大特征值将等于其阶数（$\lambda_{max} = n$），因此 CI 值为 0。CI 的值越接近 0，表明矩阵的一致性越好；相反，CI 值越大，说明判断矩阵中的一致性越差，决策者的判断越可能存在逻辑上的矛盾。

评估 CI 值是否在可接受范围内，需要与随机一致性指标进行比较。RI 是从大量随机生成的具有相同阶数的矩阵 CI 值中得到的平均值，这个指标反映了完全随机判断可能达到的一致性水平，因此可以作为比较的基准。一致性比率（Consistent Ratio, CR）是将 CI 与 RI 进行比较得到的值：

$$CR = \frac{CI}{RI}$$

如果 CR 值小于或等于 0.1，通常认为判断矩阵具有满意的一致性。这个阈值意味着判断矩阵的不一致性程度可以接受，矩阵的判断结果足够可靠；如果 CR 值大于 0.1，则表示矩阵的一致性不足，需要对判断矩阵进行调整。这可能涉及重新考虑和修改成对比较的某些元素，直到判断矩阵的一致性达到可接受的水平。这种评估一致性的方法提供了一个量化工具，能够帮助决策者检测和纠正判断中的逻辑矛盾，确保决策过程的科学和客观。

二、模糊综合评价法

由于物流系统的复杂性涉及多个因素和决策层级，常常伴随着不确定或模糊的信息，如客户需求的不确定性、运输过程中的各种意外因素以及市场变化的不可预测性。模糊综合评价法通过构建模糊关系矩阵和设定隶属函数，能有效将这些模糊因素转化为可操作的定量数据，从而对复杂的物流操作和策略进行全面而深入的评价。模糊综合评价可以将各种模糊信息和客观数据综合起来，形成一个全面反映物流系统性能的评价结果，使决策过程更加接近客观实际，提高物流系统管理的科学性和实用性。这种方法不仅加强了决策者对物流系统性能的理解，还提高了决策的准确性和可靠性，为物流系统的优化和正确决策提供了有力的支持。模糊综合评价法主要包含建立因素集、建立评价集、建立权重集、单因素模糊评价、模糊综合评判以及做出模糊评价结论等步骤。

（一）建立因素集

在模糊综合评价法中，建立因素集是整个评价过程的第一步，包括了所有被认为对评价对象（如物流系统）有影响的元素。这些元素标记为 u_i，代表了一系列可能影响评价结果的因素，包括但不限于物流效率、成本、服务质量、客户满意度、技术使用、安全性能。这些因素的识别需要深入分析物流系统的运行机制及其与外部环境的交互关系，确保全面覆盖影响系统性能的所有关键方面。在因素集 $\boldsymbol{U}$ 中，每个因素 u_i 可以是具体和量化的，如货物损坏率或配送时间；也可以是模糊的，如客户满意度或服务质量感知。模糊因素往往涉及主观评价和不易量化的标准，因此，处理这类因素需要依赖模糊逻辑将主观感受转化为可操作的数值。

为了有效使用模糊综合评价法，必须准确定义每个因素的影响程度及每个因素之间的关系，这通常涉及与领域专家的协作，利用专家的经验和知识来确定哪些因素应包含在因素集中，以及它们的相对重要性。同时，还需要设置合适的隶属函数。这些函数用于描述每个模糊因素在不同性能级别上的隶属度，使主观评价能够在模糊综合评价中被量化和使用。模糊综合评价法能够系统建立因素集，并精确定义因素间的关系和属性，为物流系统等复杂系统提供灵活有效的评价工具。该方法使决策者能够从多角度、多层面深入理解并优化系统运行，在强化评价体系全面性与深度的同时，显著提升了决策过程的科学严谨性和实践可操作性。

（二）建立评价集

在模糊综合评价法中，建立评价集定义了评价者可能给出的所有评价结果的集合。评价集中的元素$\boldsymbol{V}=\{v_1,v_2,\cdots,v_m\}$代表了从最不满意到最满意等不同程度的评价等级，这些元素是模糊的，因为它们代表的评价结果通常涉及主观判断和评价者的感知，这些感知并不总是明确的、量化的或绝对的。每个评价结果v_i通常会被定义为具体的描述性标签，如“非常不满意”、“不满意”、“中立”、“满意”和“非常满意”。这种分类会使评价更加细致和层次分明，能够更好地反映评价对象的不同性能层级。在物流系统的评价中，这些评价等级可以基于多个维度，如及时性、准确性、成本效率和客户反馈，每个维度都可能影响最终的评价结果。

评价集的建立不仅涉及评价等级的设定，还需要考虑如何将这些等级与实际的评价指标相对应，这就需要设定隶属函数。隶属函数定义了每个评价结果在不同性能指标下的隶属度。例如，对于及时性这一指标，较低的延迟时间可能使隶属度在“非常满意”的评价结果上更高。评价集的构建还需考虑评价的公平性和透明性，确保评价结果合理反映评价对象的真实情况。为此，通常需要在多个不同的角度收集数据和意见，以确保评价结果的全面性和准确性。

（三）建立权重集

在模糊综合评价法中，建立权重集体现了各评价因素在整体评价中的相对重要性，能够确保评价过程中各因素的影响力得到适当的体现，会直接影响评价结果的准确性和公正性。

权重集由一系列权重a_i（$i=1,2,\cdots,m$）组成，每个权重对应一个评价因素u_i，组合起来形成因素权重集$A=(a_1,a_2,\cdots,a_m)$。权重的赋值需要满足两个基本条件：归一性和非负性。归一性意味着所有因素权重的总和必须为1，即$\sum_{i=1}^{m}a_i=1$，这保证了权重分配的完整性和封闭性，代表所有的评价因素被完全且公正地考虑在内；非负性则确保了每个权重都是非负的（$a_i \geq 0$），能够最大限度地避免权重对评价结果产生不合理的负面影响。

权重的确定通常依赖专家知识或数据分析，如利用问卷调查、德尔菲法、层次分析法收集数据和专家意见，科学地确定每个因素的重要性。在一些情况下，也可以利用历史数据或案例分析，运用统计方法如回归分析确定权重，确保权重分配尽可能客观反映实际情况。在实际应用中，权重的设定并非一次性过程，而是需要根据评价目的的变化和外部环境的变动进行动态调整。例如，随着市场需求的变化，某些物流服务的优先级可能会上升或下降，因此，相应的权重也应进行调整，以适应新的业务环境。

（四）单因素模糊评价

单因素模糊评价是指从单一因素的视角出发，对评价对象的性能进行评估。这种评价方法能够细化分析过程，使每个影响因素对评价结果的贡献更为明确，从而帮助决策者理解每个因素的具体影响。在单因素模糊评价中，每个因素u_i对应一个模糊评价集$\boldsymbol{R}_i$，这个集合表示由该因素评价产生的隶属度分布，即每个备选元素v_j在该因素下的隶属度r_{ij}，这反映了备选元素v_j在满足因素u_i方面的程度或合理性。模糊集合$\boldsymbol{R}_i$可以表示为：

$$\boldsymbol{R}_i=(r_{i1},r_{i2},\cdots,r_{ij},\cdots,r_{in})$$

式中：r_{ij}表示在考虑因素u_i时，评价对象属于评价等级v_j的程度。这些隶属度是应用隶属函数，基于实际数据或专家的主观评估计算得出的。

将所有因素的单因素评价集按照因素顺序排列，可以构成一个单因素评判矩阵$\boldsymbol{R}$：

$$R=\begin{bmatrix} r_{11} & r_{12} & \cdots & r_{1n} \\ r_{21} & r_{22} & \cdots & r_{2n} \\ \vdots & \vdots & \ddots & \vdots \\ r_{m1} & r_{m2} & \cdots & r_{mn} \end{bmatrix}$$

在这个矩阵中，每一行代表一个因素 u_i 对所有评价等级 v_j 的隶属度，这个矩阵也称为从因素集 $\boldsymbol{U}$ 到评价集 $\boldsymbol{V}$ 的模糊关系矩阵。该矩阵的主要作用是形成一个全面的视角，从单一因素出发，描述评价对象在不同评价等级上的表现。对单因素评判矩阵的分析能够使人们深入了解不同因素对评价对象性能的影响程度，在综合评价时为每个因素的权重分配提供依据。这种方法不仅增强了评价的精确性和可靠性，还使评价过程更加透明和具有系统性，能够帮助决策者在复杂的决策环境中作出更加科学和合理的决策。

（五）模糊综合评判

模糊综合评判是在单因素模糊评价的基础上，合成所有因素评价形成的对评价对象的总体评价。这一过程的实现运用了模糊理论中的合成运算，主要目的是融合每个因素的评价结果，从而得到综合的评价表达。

假设，现有权重集 $\boldsymbol{A}=(a_1,a_2,\cdots,a_m)$，其中 a_i 是对应因素 u_i 的权重，表示该因素在整个评价中的相对重要性，每个权重 a_i 都是非负的，并且权重总和为1。单因素评判矩阵 $\boldsymbol{R}$ 如下所示：

$$R=\begin{bmatrix} r_{11} & r_{12} & \cdots & r_{1n} \\ r_{21} & r_{22} & \cdots & r_{2n} \\ \vdots & \vdots & \ddots & \vdots \\ r_{m1} & r_{m2} & \cdots & r_{mn} \end{bmatrix}$$

基于此，进行模糊综合评判，关键步骤是计算综合评价向量 $\boldsymbol{B}$，使用模糊合成的操作，通常通过计算矩阵的行向量（权重集）和矩阵的乘积来完成。具体计算方法为：

$$\boldsymbol{B}=\boldsymbol{A}\cdot\boldsymbol{R}=(a_1,a_2,\cdots,a_m)\cdot\begin{bmatrix} r_{11} & r_{12} & \cdots & r_{1n} \\ r_{21} & r_{22} & \cdots & r_{2n} \\ \vdots & \vdots & \ddots & \vdots \\ r_{m1} & r_{m2} & \cdots & r_{mn} \end{bmatrix}$$

在向量 $\boldsymbol{B}=(b_1, b_2, \cdots, b_n)$ 中，每个元素 b_j 表示评价对象属于评价等级 v_j 的综合隶属度，是通过考虑所有因素对该评价等级的贡献得出的。这个向量提供了一个从多维因素角度综合评估的结果，使决策者可以清晰地看到各评价等级的相对优劣。模糊综合评判经过上述步骤将多因素的影响综合考虑，使评价结果不是基于单一因素，而是一个全面综合的判断，更加接近实际情况，为决策提供更为科学和客观的依据。

（六）做出模糊评价结论

在模糊综合评判过程中，人们在完成权重分配和模糊合成之后，获得了最终的综合评价向量 $\boldsymbol{B}$。做出模糊评价的结论，通常采用最大隶属度法则，这种方法简单直接，主要是基于一个原则：选择隶属度最高的评价等级作为最终的评价结果。

具体操作步骤如下：

首先，评估隶属度。检查综合评价向量 $\boldsymbol{B}$ 中的所有隶属度值。

其次，识别最大值。确定向量 $\boldsymbol{B}$ 中最大的隶属度值 b_j，这个值表示在所有评价等级中，评价对象最可能属于的等级。

最后，做出结论。与这个最大隶属度值 b_j 对应的评价等级 v_j 就是最终的评价结果。这表示在所有的评价等级中，评价对象最符合 v_j 这一级别的特征。

例如，在一个物流效率评价中，综合评价向量 $\boldsymbol{B}=(0.1, 0.3, 0.6)$ 对应评价集｛“低”，“中”，“高”｝，那么，0.6 是最大隶属度，相应的评价结果为“高”，表明该物流项目的效率被评为高。

采用最大隶属度法则的优点是决策过程明确、直观且易于操作，能够迅速提供决策支持。然而，它也有局限性，主要是没有考虑到其他具有较高隶属度的评价等级可能对决策有重要影响，特别是当几个隶属度值相近时。因此，决策者在使用最大隶属度法则时，应结合实际情况，考虑是否需要进一步分析隶属度较高的几个等级，以作出更全面的评价。这种方法在确保评价的客观性和实用性方面，提供了一个有效的工具，尤其适用于处理含有模糊和不确定信息的复杂决策环境。

第六章　智慧供应链

第一节　智慧供应链概述

一、供应链与智慧供应链

（一）供应链的概念

自20世纪90年代以来，全球市场环境经历了剧烈的变化，科技的飞速发展和经济的全球化趋势显著地改变了商业运作的模式，传统的卖方市场逐渐转变为买方市场，这导致了产品的供应量常常大于需求量，产品生命周期显著缩短，产品种类急剧增加。这一转变意味着消费者拥有了更大的话语权和选择权，对产品质量、服务以及交货速度的期望也越来越高，增加了市场的不确定性，导致企业面临的市场竞争压力增大。在这种环境下，企业开始寻求新的运营模式，以适应市场的变化，从“纵向一体化”转向“横向一体化”，即企业不再追求生产线上从原料到成品的完全控制，而是通过与其他企业的合作，形成一个灵活、高效的生产和供应网络。在这种模式下，企业将非核心业务外包给专业公司，自身则集中资源和能力发展核心竞争力，如研发创新、品牌建设和市场营销。具体来讲，企业现如今的生产方式从“大而全、小而全”的模式向“分散网络化制造”转型，这种转型使生产过程更加灵活，响应市场变化更快。企业的设计和开发也从封闭式向开放式转变，这既加速了创新的步伐，还帮助企业更好地与全球供应链整合，共享资源和信息。在这样的商业环境中，供应链的概念应运而生并迅速发展，成为影响企业交易成本、效率、市场竞争力的关键因素。

供应链是指在生产及流通过程中，围绕核心企业的核心产品或服务，由所涉及的原材料供应商、制造商、分销商、零售商直到最终用户等形成的网链结构。可以看出，供应链其实是一个综合的系统，围绕核心企业展开，涵盖了信息流、物流、资金流、工作流等多个方面。从广义上看，供应链不仅是一个生产和物流的链条，更是一个复杂的价值网络。这个网络将原材料供应商、零部件供应商、制造商、分销商、零售商、物流商以及最终用户连成了一个整体，所有参与者都在为满足市场和消费者的需求而共同努力。这些参与者通过有效的合作和管理，共同创造并传递产品和服务的价值，并在这个过程中的每个节点执行不同的操作，发挥不同的功能，如制造、仓储、物流。同时这些参与者还通过信息技术和管理创新，增强了整个网络的响应速度和灵活性。例如，现代供应链管理中广泛应用的企业资源计划系统、客户关系管理系统，以及近期的云计算和大数据技术，都是为了更好地控制和优化信息流，使供应链更加敏捷和适应市场变化。

供应链作为一种介于市场和企业之间的资源配置方式，能够建立长期的合作关系和战略联盟，促进基于价值共创共享的重复交易。这是因为市场和企业之间开展长期合作有助于建立双方的信任，降低交易成本，增强供应链的稳定性，提高其抗风险能力。供应链的目标是实现成本效率和市场需求的最佳平衡，这就要求各企业在自身的操作中寻求高效率，同时在整个链条中实现协同，减少库存成本和生产过剩，以快速响应市场变动，满足消费者的个性化需求。对于企业而言，供应链的可持续性也是现代企业管理的重要议题，因此，企业除了关注经济效益，还需要考虑环境和社会影响，尽可能地采用环保材料，优化能源使用，实施回收政策，降低企业生产对社会和环境的影响。

供应链的概念并非一成不变，而是随着时间推移经历着不断地演变和扩展，从最初被视为制造企业中的一个内部过程，逐渐被看作一个涵盖多个企业和业务功能的复杂系统。到 21 世纪时，供应链不仅关注企业内部的运作，更重视企业之间的协作与整合，强调跨企业的合作，以及制造商、供应商、物流服务提供者、分销商和零售商之间的互动。这种合作关系和互动使原材料到成品再到消费者的整个过程更加高效和流畅。根据上述研究，可以得出一个相对完整的供应链定义，即供应链是围绕核心企业，通过对信息流、物流、资金流的控制，从采购原材料开始，制成中间产品以及最终产品，最后由销售网络把产品送到消费者手中的，将供应商、制造商、分销商、零售商直到最终用户连成一个整体的功能网链结构模式。

供应链作为一个综合的企业网络结构模式，体现了现代企业之间合作和协调的复杂性和战略性。企业精确控制信息流、物流和资金流，能够优化产品从原材料生产到最终抵达用户手中的整个流程，实现跨企业界限的协同工作，大幅提高整个网络的效率和响应速度。供应链的核心价值在于其能够将单独的操作和企业整合成一个功能性的网络，甚至整个网络中的每个成员都在特定环节中发挥关键作用，共同推动整个链条的高效运作。例如，原材料供应商提供必需的输入，制造商负责将这些原材料转变成中间产品或最终产品，而分销商和零售商则确保这些产品有效地销售给消费者。这种结构促进了资源的最优配置和使用，也增强了供应链中各节点企业的市场竞争力。在整个供应链的操作过程中，每一步无论是加工、组装、包装还是运输都可能提高产品的价值。这种增值源于物理和功能的改进，也基于对产品和服务信息的增强，如品牌认知和客户服务。随着技术的进步和全球化的深入，供应链的管理也变得更加复杂，转变为了一个包括计划、执行和监控的综合流程，涉及从原材料采购、产品设计、生产制造到产品分销和最终销售的每一个环节。之所以出现这种局面，最根本的原因是全球化导致的市场供求和供应基地的多样化、消费者需求的多变性以及数字技术的进步，促使供应链变得足够灵活，以应对这种多元化的转变，这也反映了供应链对外部环境变化的敏感性和适应性。

随着数字技术的发展，特别是物联网、大数据分析和云计算等新兴技术的广泛应用，现代供应链管理越来越重视利用高级信息技术和自动化工具提高透明度和操作效率以及信息流、资金流的运作效率。例如，采用物联网技术实时追踪物品流动，使用大数据分析预测市场变化，以及利用区块链技术保证交易记录透明和安全。21 世纪的供应链管理还开始注重环境责任和社会责任的履行，如可持续采购、环保制造和绿色物流，这表明供应链管理已经从单纯的成本和效率优化，扩展到企业社会责任和可持续性发展方面。

（二）智慧供应链的概念

随着信息技术的迅速发展和大数据时代的到来，信息的爆炸式增长使人们处理繁杂且冗余的数据变得更加困难，所以，供应链中的成本控制、风险管理和可视化需求迫切需要新的技术支持来提高管理效率和响应速度。同时，全球化市场的快速变化和消费者对个性化服务日益增长的需求，也要求供应链系统必须更加灵活，做到迅速响应，以适应消费者行为和市场趋势的快速变化。这一系列行为都意味着传统的供应链模式面临新的挑战，在这种背景下，智慧供应链作为一种解决方案应运而生。智慧供应链的兴起与信息技术的革新紧密相关，特别是互联网、云计算、大数据、物联网、人工智能和区块链等技术，这些技术的发展为供应链管理带来了革命性的改变。智慧供应链应用这些先进技术，能够实现供应链活动的高度集成和自动化，使供应链变得更加高效、更加精准。因此，智慧供应链是指那些利用物联网、云计算、大数据分析和人工智能、区块链技术等现代信息技术，对整个供应链进行实时监控和智能优化的供应链管理理念、技术、模式或系统。智慧供应链是现代企业应对复杂市场环境、提高竞争力的关键工具。

在实际应用中，智慧供应链运用物联网技术，实现了对供应链中每个产品的实时追踪和监控，帮助企业实时掌握库存状态，有效降低库存成本，及时响应市场变化和消费者需求；云计算则为智慧供应链提供了强大的数据处理功能和存储空间，企业可以将海量数据存储在云端，实现供应链各环节数据的集中管理和分析，集中式的数据处理模式使企业能够优化供应链决策，如调整生产计划、优化物流路线；大数据分析和人工智能技术在智慧供应链中的应用使企业有能力处理和分析历史数据，预测市场需求、识别供应链风险，并自动调整供应链策略，以使效率和响应速度最大化，因为智能算法能够在复杂的数据集中找到优化供应链的机会，大幅提高整个供应链的响应速度和灵活性；区块链技术的引入为智慧供应链带来了更高层次的安全性和透明性，所有供应链活动的记录由于区块链的存在都不可篡改，且对所有授权的参与方可见。这种特性极大地增强了供应链中各方的信任，降低了欺诈风险，提高了合作效率。

二、智慧供应链的发展阶段

智慧供应链先后经历了原始供应链、初级供应链、整合供应链、协同供应链和智慧供应链五个发展阶段，如图 6-1 所示。

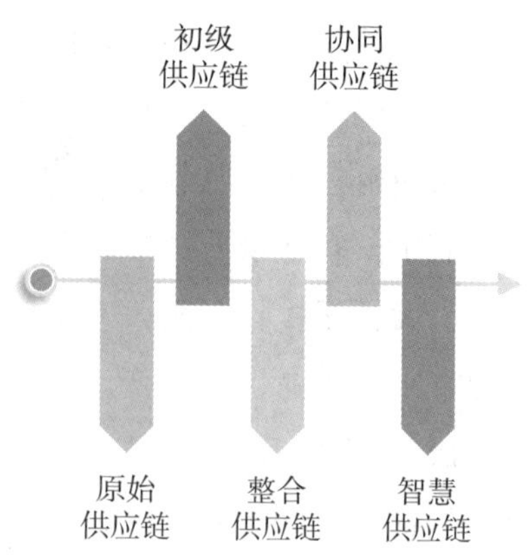

图 6-1 智慧供应链的发展

（一）原始供应链

20 世纪 50 年代中期到 80 年代末期，供应链的概念和管理在商业操作中尚未得到明确的定义和系统的应用，所以这个阶段的供应链更多地体现为一种自发性的、无组织的商业互动，其运作方式大致可以追溯到更早期的交易形式——以物易物。

这一时期，由于科技和信息化水平较低，供应链中的每个环节多由个体或小型企业以相对简单的方式进行物资的生产和交换。这种方式缺乏有效的信息流通机制，供应链各个环节之间的联系主要依靠个人经验和传统方法来维持，由此，也可以得出这一阶段供应链的特点为交易过程中的信息不对称和资源配置的低效率。由于交通和通信技术的限制，供应链的覆盖范围通常较小，远距离的贸易相对罕见且成本高昂，这使无论是企业还是生产者在资源获取和产品分销上都受到诸多限制，进而限制了市场的规模和企业的增长潜力。此外，供应链没有统一的管理和优化机制，供应链中的每个节点都在为自身的利益最大化而操作，而不是为整个供应链的效率或者响应市场需求的灵活性考虑。这种随机和分散的供应链结构导致整个供应链效率低下，尤其是在缺乏集中调控的情况下导致过剩和短缺并存，市场常常处于非平衡状态。因此，20 世纪 50 年代到 80 年代的供应链更像是一个由多个独立参与者组成的松散网络，这一时期的供应链管理也依赖即时的需求和供应情况来调整生产和分配，是反应式的，缺乏预见性和战略性规划。这种模式在效率和效果上与后来发展起来的现代供应链管理相比，显得更加原始和粗糙。

（二）初级供应链

20 世纪 80 年代末期到 90 年代中期的初级供应链是从无意识的随机操作向有组织的职能分工转变的重要阶段，这一时期的内部职能分工为供应链后续的发展打下了基础，但供应链管理仍然面临着整合各部门功能、提高通信效率和应用先进技术的挑战。

20 世纪 80 年代末期，供应链开始从原始的、随机的操作模式转变为更有组织的初级供应链。这一阶段的供应链管理开始在组织内部形成明确的职能分工，如计划、采购、生产、物流和仓储，形成了专门的管理岗位，标志着企业认识到了供应链各环节的重要性和特定功能，对于提高操作效率和降低成本具有积极意义。尽管初级供应链中出现了职能分工，但各职能部门仍然相对独立，彼此之间的协作和沟通十分有限。这种"孤岛式"工作模式导致信息在各部门之间传递不畅，造成了决策延迟和资源利用不充分。例如，采购部门可能会因为缺乏与生产或仓储部门的有效沟通，导致过度采购或原料短缺，从而影响生产计划的实施和对库存的合理控制。而且此时期的供应链开始向内部职能化发展，但整体上缺乏一个统一的、整合的供应链策略，这就导致各部门往往只关注自身的目标和绩效，而不是整个供应链的优化，这在很大程度上制约了供应链效率的提高和成本的进一步降低。

虽然此阶段的信息技术和计算机系统开始被应用于供应链管理，但主要局限于基本的数据处理和记录功能，而非深度的数据分析和实时的信息共享。这种有限的技术应用会间接影响供应链的响应速度和灵活性，导致其无法满足日益变化的市场需求。

（三）整合供应链

20 世纪 90 年代中期到 21 世纪初，供应链的发展进入了一个新的阶段，即整合供应链。在这一时期，供应链管理不再局限于单个企业的内部操作，而是开始包括整个产业链条：从原材料供应商到制造商，再到分销商和零售商，最终到达消费者。这一变化的核心在于供应链的整体优化和跨企业的协作，企业开始意识到整个供应链的效率对竞争力的重要性。

在整合供应链阶段，最显著的进步是企业内部和企业间的协同机制得到增强，企业内部各职能部门之间的障碍被打破，流程和信息系统得到整合，形成了更为流畅的信息和物流通道。这种内部整合确保了决策的快速传递和执行，大大提高了响应市场变化的速度和精度。例如，销售数据的快速回流可以直接促使生产调整和供应链优化，使供应链更灵活地应对市场需求的波动。而且，企业间的合作也会因为组建的长期合作关系和战略联盟变得更加紧密和系统化，企业之间的信息共享和资源共享成为可能，减少了重复投资，提高了整个供应链的抗风险能力和市场适应能力。例如，共享库存信息能够使上下游企业共同优化库存水平，减少整体的库存成本，并避免供应中断。在技术应用方面，整合供应链阶段见证了先进信息技术如企业资源计划系统、供应链管理系统和客户关系管理系统的广泛应用。这些系统的应用提高了数据处理的效率和数据分析的能力，使企业能够基于实时数据作出更加精准的业务决策。随着全球对可持续发展的逐渐重视，整合供应链也开始关注环境和社会责任的履行，包括采用环保材料、改进生产工艺减少环境污染，以及改善工作环境和增加社区福利。整合供应链标志着供应链管理从内部优化扩展到了全链条协同，从效率导向转变为更加注重可持续和全面的发展。这一阶段的供应链管理更加强调全局视角和长远规划，为现代供应链管理奠定了坚实的基础。

（四）协同供应链

从 21 世纪初开始，供应链管理再一次经历了重要的演变，进入协同供应链的阶段。在这个阶段，供应链不再是一个以核心企业为中心的线性结构，而是变成了一个广泛的网络结构，这种网络结构的形成得益于互联网技术的发展，使更多的企业能够以前所未有的速度和效率加入供应链体系，并实现空前的连接和协作。

在协同供应链中，企业之间的协同作用得到了极大的加强和优化，供应链里的各个成员能够在共享的平台上实时交换信息，共同决策和协调行动，以应对市场的快速变化和复杂的客户需求。这种协同涵盖了供应链内部的企业以及与外部环境的互动，如客户、监管机构和社会组织。协同供应链的一个重要特征是高透明度，即所有相关的供应链数据都可以被企业资源计划系统、供应链管理软件和客户关系管理系统等先进的信息技术实时捕捉和共享，不仅使供应链管理更为高效，还极大地提高了企业对供应链风险的预见和管理能力。技术的应用也推动了供应链中物流、信息流和资金流的无缝整合，如供应链各方使用物联网设备监控物流运动，可以实时跟踪商品的状态和位置，确保供应链的物流操作既高效又透明。在协同供应链的支持下，企业能够更有效地进行需求预测、库存管理和运营优化，提高供应链的整体效率，提高其对外部变化的适应能力，使其在激烈的全球市场竞争中保持竞争力。协同供应链代表了供应链管理向更高级别的集成和协作迈进的重要步骤，它利用现代信息技术打破了传统界限，实现了企业间、行业间以及全球范围的深度协同。

（五）智慧供应链

智慧供应链代表了供应链管理理论与实践的最新进展，是指将供应链的传统模式转化为一个高度智能化和技术驱动的系统，标志着供应链管理进入了一个新的时代。在这一时期，诸如大数据、人工智能、物联网、机器人、无人机、虚拟现实、增强现实、区块链等尖端技术的发展，为供应链的各个环节带来了革命性的变革，智慧供应链利用这些技术实现了前所未有的自动化和智能化水平。智慧供应链能够在全球化和技术快速变化的环境中保持竞争力，这种供应链的智慧化转型是对传统供应链理念的重大拓展，预示着未来供应链管理的发展方向。

三、智慧供应链的特点

智慧供应链的出现标志着传统供应链进入了一个新的时代，这一进步是由多个因素推动的，其中，技术的迅速发展和数字经济的兴起发挥了主要作用。与传统供应链相比，智慧供应链利用先进的信息技术实现了供应链操作的自动化和智能化，能够实时捕捉和分析市场动态及消费者行为，从而更精准地预测和满足客户需求。与传统供应链相比，智慧供应链在多个维度上展示了显著的优势。首先，它极大地提高了供应链的透明度和效率，使企业能够实时监控供应链中的每一个环节，及时调整策略以应对可能的风险和变化。其次，智慧供应链的决策支持系统可以为企业提供基于实时数据的洞察，帮助企业更好地了解市场趋势和消费者偏好，实现更加个性化和定制化的服务。最后，智慧供应链的市场响应速度更快，能够迅速适应市场变化，为客户提供更为灵活的服务，满足客户的即时需求，这既改善了客户体验，提高了客户满意度，也为企业增加了竞争优势。在数字经济时代，能够有效利用数据和技术的企业将更可能领先于竞争对手，而智慧供应链正是实现这一目标的关键工具。因此，随着技术的不断进步和市场需求的日益复杂，智慧供应链将继续发展，推动供应链管理向更高水平迈进。智慧供应链的特点主要包含以下五点。

1.强渗透性

在智慧供应链运作过程中，技术的强渗透性特点深刻地影响了供应链的管理和效率。随着技术的逐步渗透，智慧供应链可以实现从原材料采购到最终产品交付每一个环节的实时监控和管理，极大提高了透明度和运作效率。更重要的是，它为供应链管理带来了革命性的变革，能够预测未来市场的需求变化，自动调整生产和库存策略，甚至能够在全球范围内追踪商品的实时位置和状态。智慧供应链集成这些技术引发的管理变革，优化了决策过程，减少了人为错误，提高了响应速度，强化了企业的协同作业能力，加强了内部各部门的协作，也改善了企业与外部合作伙伴如供应商和分销商的关系。

2.高度可视化

智慧供应链的发展得益于互联网、云计算、大数据和人工智能等新一代信息技术的深度应用，这些技术的集成从根本上改变了数据信息的获取方式，也极大地影响了数据的呈现和处理方法。在这些技术的支撑下，智慧供应链的信息获取变得更加移动化，无论是移动设备还是嵌入式传感器，都使信息的流动和访问变得无处不在、无时不在，实现了实时收集和访问分散的数据源。这种移动化的特征使供应链管理变得更加灵活，管理者可以随时随地监控供应链状态，响应各种突发事件。同时，智慧供应链在数据呈现上采用了高度可视化的方式，企业可以运用图表、图片和视频等将复杂的数据转换为直观的视觉信息，这样，即使是非技术背景的决策者也能够快速理解供应链中的关键信息。智慧供应链中的数据处理和分析也变得更加智能，系统能够利用机器学习和数据挖掘技术自动识别、预测趋势并提出优化建议，这种智能化的数据处理不仅加快了供应链的响应速度，还提高了其对复杂情况的适应能力，能够帮助企业更好地管理风险并把握市场机会。

3. 强整合性

在智慧供应链中，信息整合性的强化离不开高度开放和共享的智能化信息网络，这种信息网络解决了传统供应链中普遍存在的信息系统异构性问题，使不同系统和技术平台之间能够有效对接和通信。而且，智慧供应链通过整合物流、信息流和资金流，确保了数据和信息在供应链各个节点之间的无缝流动，极大地提升了整个供应链的效率和响应速度。这种信息的无缝对接和整合包括数据的实时传输和更新以及数据的标准化处理和解析，智慧供应链采用先进的 API 接口，能够确保不同来源的信息被统一解读和应用，实现各种内部和外部信息系统的互联互通，无论是供应商、制造商、分销商还是零售商，都能够共享库存水平、需求预测、订单状态和物流动态等关键信息。在信息共享的过程中，所有相关方都能够实时接入和更新信息，还能够依托集中的数据分析平台洞察整个供应链的运作状态和潜在风险，这种极高的信息透明度和共享性有效减少了冗余和误差，也提高了整个供应链对外部变化的适应能力，支持了更为精准的决策制定和更为高效的资源配置。因此，信息整合性的强化是智慧供应链成功的关键因素之一。基于有效整合和共享信息，智慧供应链能够实现更高级别的协同作业和优化管理，为企业带来更大的竞争优势，实现更高的业务价值。

4. 强协作性

在智慧供应链中，由于信息的高度整合与共享，各企业能够获得实时、全面的视图，包括内部操作的详细数据以及供应链上下游及相关市场的动态。这种透明和无缝的信息流动能够确保所有参与方都对供应链的状态有清晰的认识，及时了解供应、需求或物流方面的变化，促使智慧供应链的协作性得到极大增强，极大地优化了供应链的整体运作效率和效果。得益于信息的透明性和企业的协作性，企业能够在问题发生的第一时间迅速作出响应，与供应链中的其他成员进行有效沟通和协调，减少损失。例如，数据分析显示，某一原材料供应可能出现延迟，相关企业就可以立即与供应商协商解决方案，或者调整生产计划，以及时应对潜在的供应链中断。对于企业来讲，协作性的增强也推动了供应链各环节之间的协同创新，企业不必孤立地进行创新和优化，而是能够借助供应链中其他成员的集体智慧，共同开发新产品，优化生产流程，共同面对市场的挑战和机遇。这种基于供应链网络的协作模式，提高了各个企业的竞争力，以及整个供应链体系的市场适应性和创新能力。

5. 高拓展性

在智慧供应链中，信息的流动性、整合性和共享性显著，这使各个供应链成员能够实时地接入供应链系统，随时获取和更新信息，也可以与供应链上下游的其他成员进行实时的沟通和交互，迅速适应市场变化，实现业务需求的扩展，展现了智慧供应链的高拓展性。这种高拓展性主要得益于先进的互联网信息化技术的应用，它使供应链不仅在地理上跨越更广泛，而且在功能和服务上也更为灵活。例如，当市场出现新的消费趋势或新的供应机会时，企业可以通过供应链平台快速与相关的供应商和分销商进行协调，调整生产计划和营销策略，或者迅速将新的供应商和分销渠道纳入现有的供应链结构。智慧供应链的高拓展性还体现在资源的虚拟化和服务的按需分配上，这进一步提高了供应链的延伸能力，使企业能够根据实际需要灵活地调整资源使用，优化供应链配置，解决了传统供应链中由信息层级传递导致的效率低下问题。在传统模式下，信息往往需要经过多个层级才能传递到相关决策者手中，且容易在传递过程中出现延迟和失真。智慧供应链中的信息系统实现了信息的即时更新和共享，能够确保所有供应链成员都基于最新的数据作出响应，显著提高了决策的效率，加快了供应链的整体响应速度。

第二节　智慧供应链构建

一、构建智慧供应链的必要性

（一）促进企业构建智慧供应链数据管理

在当今的商业环境中，企业数据的重要性愈加凸显，它记录了企业的历史运营情况，也蕴含着关于市场趋势、消费者行为、供应链效率及潜在风险的宝贵信息，是推动企业构建智慧供应链的核心动力。企业数据的积累经历了从纸质记录到电子文档，再到现在的集成企业资源计划系统的全面数字化过程，这一发展显著提高了数据的可访问性和可用性，还增强了数据的实时性和准确性。再加上技术革命的不断深化，云计算、大数据技术、人工智能等先进数字技术的广泛应用，为企业数据资源的应用提供了强大的技术支撑，使企业能够更精准地分析和预测供应链中的各种复杂情况，从而作出更为合理的决策。因此，在智慧供应链中，数据中台的构建尤为关键，它整合了散布在各个业务系统中的数据资源，能通过高效的数据治理和先进的数据分析技术，对数据资产进行最大化利用。

随着越来越多数据的分析应用，智慧供应链平台可以帮助企业识别潜在的供应链瓶颈、库存问题或需求波动，优化供应链的各个环节；智慧供应链平台还可以进行预测分析，观察历史销售数据与市场动态，得出未来的市场需求和发展趋势，使供应链系统自动调整生产计划，优化库存水平，实现资源的最优配置。智慧供应链持续监控和分析数据流，能够进行风险管理，及时发现异常或预警潜在的供应中断或物流延误问题，使企业及时采取预防措施，减少损失。这种基于数据的主动管理方式，显著提高了供应链的适应性和抗风险能力。因此，在数据经济时代，不断累积的企业数据为智慧供应链提供了动力来源，成为企业持续优化供应链操作、提高效率及应对市场变化的关键资产。能否有效地管理和利用这些数据资源已成为企业是否具有竞争力的重要标志。

（二）加快企业智慧供应链信息化系统建设

随着企业从计算机时代步入信息时代，企业内部的信息化基础设施经历了从早期基本计算机网络到现在综合信息系统的发展，这种信息化设施的建设逐渐成为企业竞争力强化的关键因素，在供应链管理领域表现得尤为明显。对于企业来讲，这种从初始管理阶段到集成、数据管理阶段的演变标志着技术的进步，也反映了企业对于效率、精确性和响应速度需求的增长。

现代的信息化系统为企业的供应链管理提供了强大的支持，其集成企业资源计划、客户关系管理、供应链管理等多个业务模块，创建了一个互联互通的数据和信息流动平台，极大地提高了操作的效率和决策的精确度。更重要的是，实现了流程的标准化和系统化管理，即供应链的每一个环节，从采购到生产，从仓储到配送，信息化系统都能够实时跟踪、分析并优化流程。信息化系统还提供了数据的采集入口和决策执行的输出工具，企业可以运用自动化数据采集，实时获取市场动态、库存情况、物流状态等关键信息；而高级的分析工具则允许企业从海量数据中提取有价值的信息。这些数据和分析结果可以直接转化为生产调整、库存优化和物流规划等具体的执行措施，支持更加科学的决策制定，实现供应链的快速响应和优化管理。

企业信息化系统建设与企业智慧供应链建设是相辅相成的，大数据、人工智能和机器学习等新兴技术的应用能够提高供应链管理的智能化水平，帮助企业预见未来趋势，并不断优化操作策略。同时，信息化基础设施的完善为大数据、人工智能和机器学习等新兴技术的应用提供了平台。这些高度集成的信息化系统使企业能够确保供应链在快速变化的市场环境中保持高效、灵活和竞争力。

（三）推动企业智慧供应链组织方式变革

从过去几十年的发展轨迹来看，供应链组织方式经历了从传统的文档处理、纸质表单、邮件和电话通信，到现代的电子数据交换和高度集成的信息系统的重大转变。这些变革提高了供应链的操作效率，增强了企业在全球市场中的竞争力，反映了企业如何适应和利用技术进步优化供应链管理。供应链组织方式变革是智慧供应链成熟的核心动力。

在早期，企业的供应链管理往往依赖手工处理大量的文档和表单，信息传递主要通过电话和邮件完成，这使供应链的反应速度和灵活性受到限制。随着信息技术的发展和应用，企业开始利用计算机系统管理订单、库存、产能和物流等关键业务。这些系统能够处理大量数据，并实现基本的数据共享和流程自动化，大幅提高供应链的基本协同效率，标志着供应链向数字化的初步转变。进入大数据时代，企业整合了销售、采购、生产、库存等各个部门信息的企业资源计划系统，实现了供应链管理的集成化和标准化，复杂的业务流程也提高了供应链的整体效率和透明度，实现了供应链组织方式更深层次的变革。在这种变革中，信息流动更加顺畅，数据驱动决策更加平稳，为后续的供应链创新发展奠定了坚实的基础。未来，随着新技术的不断涌现和应用，供应链组织方式将继续向更高层次的智能化和集成化发展，推动供应链管理向更高的成熟度迈进。

二、智慧供应链体系

智慧供应链体系主要包含五个层次，分别是技术层、平台层、业务层、管理层和目标层。技术层作为基础，其作用是为平台层提供必要的支持，使平台有效地整合和处理数据，以满足供应链业务和管理的需求；平台层是数据和流程的集成中心，能够确保信息的透明性和流程的协调性；业务层确保了供应链的各个环节，如采购、生产、销售和物流顺利执行，其高效运作建立在强大的技术和平台支持基础之上；管理层则关注构建和维护一个完善的管理机制，包括风险管理、资源调配、决策支持等关键方面，确保整个供应链能够应对各种挑战并优化操作；目标层聚焦实现智慧供应链体系构建的长远目标，如提高效率、降低成本、提高客户满意度和可持续发展。这五个层次相互作用，共同推动了智慧供应链体系的发展，使智慧供应链不仅能应对当前的需求，还能预见和适应未来的变化。智慧供应链体系如图 6–2 所示。

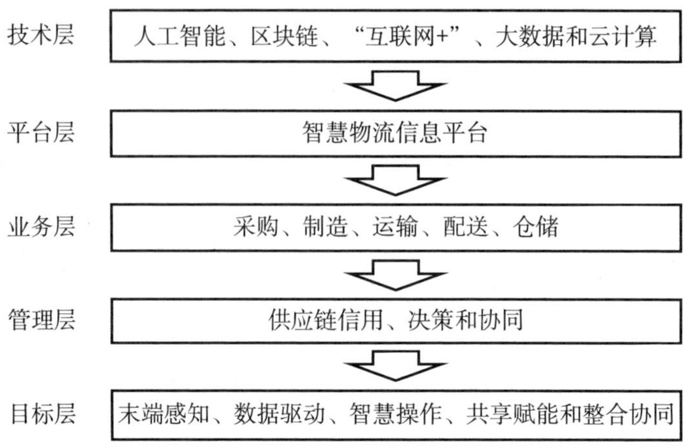

图 6-2　智慧供应链体系

（一）技术层

在智慧供应链的技术层，人工智能、区块链、“互联网 +”、大数据和云计算是最常用的技术。其中，人工智能、区块链、“互联网 +”是技术层的核心。人工智能能够运用算法和机器学习技术，对大量数据进行分析，以预测市场需求和优化库存管理，这种预测能力不仅降低了供应链的整体库存水平，还加快了对市场变化的响应速度，从而使供应链更加灵活，响应更加迅速；“互联网 +”作为一种技术融合和业务创新的平台，促进了供应链各环节的无缝连接，使信息流、资金流和物流更加顺畅；区块链技术不可篡改数据记录的优势，增强了供应链中各方的信任，有效地减少了欺诈行为和错误操作，在提高供应链透明度和安全性方面发挥着重要作用；大数据和云计算可以对运营数据进行有效的整合和处理，实现数据的即时访问和分析，为供应链管理提供精确的实时信息，从而使决策过程更为高效和精确。这些技术的综合应用能够使智慧供应链精确调度资源，有效地调节生产与供应链之间的需求平衡，包括物流的协调。智慧供应链正是通过优化物流操作和供应链的资源配置，显著提高了物流效率和供应链服务能力，支持企业的持续成长，也为客户提供了更高效、更可靠的服务，最终推动了整个行业的技术进步和服务创新。

（二）平台层

智慧物流信息平台在智慧供应链的平台层中扮演着至关重要的角色，它不仅承担着收集和处理来自供应链业务活动数据的工作，还负责将这些加工后的信息存储起来，为未来的业务决策提供大数据分析的支撑。这些信息包括但不限于供应链各节点的资源信息、生产流程详情、技术数据及账目信息。这种信息的集成使平台能够提供深度的数据洞察，帮助企业优化运营和提高效率。智慧物流信息平台具备较高的安全性和可信度，能够确保私有信息的保密性，会对必要的公有信息进行开放。这种信息的保护和透明度平衡是通过先进的数据管理和安全技术实现的，确保了信息在传输和存储过程中的安全性。

对于企业来讲，智慧物流信息平台的功能远不止于此，它在供应、制造、分销和零售这四个供应链的关键节点中充当着不可或缺的角色，能够为企业制订更精准的采购计划提供数据支撑。具体而言，企业可以利用在平台获取的数据分析结果更准确地在上游企业采购所需货物，并使上游企业根据这些订单将货物运输到各个下游企业，形成一个高效的物流网络。这种从上游到下游的协调提高了供应链的效率，减少了资源浪费，加快了服务响应速度。智慧物流信息平台的应用使各节点企业之间的连接更加紧密，形成了一个互联的网络结构。基于这个网络，信息可以实时传递，各方可以即时响应市场变化，满足客户的消费需求。

（三）业务层

智慧供应链的业务层包括采购、制造、运输、配送、仓储等供应链的核心环节。在智慧采购环节，企业能够依托先进的数据分析技术及时、准确地确定采购数量和价格，有效降低成本并优化资源配置。在智慧制造环节，企业高度自动化和信息化的生产流程，不仅提高了生产效率，也确保了产品供应的连续性和质量。在智慧运输和配送环节，只要订单信息传达到智慧仓库，仓库管理系统就能够自动识别订单需求并通过智能选择准备相应的货物，智慧平台的路径规划算法会及时计算出最优运输路线，缩短运输时间，提高运输效率。供应链各方都能够在运输和配送过程中，实时查看货物的运输位置，保证货物精确且按时到达指定节点。在智慧仓储环节，先进的物流管理系统能够根据实时的市场需求调整库存水平，确保制造商和供应商保持持续且稳定的生产节奏，确保供应链的流畅性。这种对需求供给的精确掌控，为分销商和零售商制订分销和销售计划提供了坚实的基础，极大地降低了库存积压和资金占用的风险。同时，智慧供应链系统还能根据各节点企业的实际需求进行实时的智能补货，进一步优化供应链的响应速度和资源利用率。这种以数据和技术为核心的业务层活动，也成为智慧供应链实现高效管理和优化决策的关键。

（四）管理层

智慧供应链应用整合区块链、人工智能和互联网技术解决了传统供应链管理中的许多挑战，尤其是为供应链信用、决策和协同这三个关键方面提供了创新的解决方案。在供应链信息机制方面，企业应用区块链技术保证了交易记录的不可篡改和透明，极大地提升了供应链各方的信任度，有效解决了供应链节点间的信任问题，完善了区块链信用机制，让节点间的交易变得更安全可靠。在决策机制方面，企业应用人工智能技术，使供应链管理决策变得更加高效和成本低廉。同时，大数据分析和机器学习能够迅速生成详细而全面的决策方案，这些方案能够基于实时数据和预测模型，对供应链中的各种复杂情况作出快速响应和优化调整。在协同机制方面，企业以“互联网 +”为技术框架，将互联网技术与传统行业和服务深度融合，优化了信息流的管理，也极大地拓宽了供应链服务的范围，使供应链各个部分都能够更好地协同工作，利用互联网的广泛连接性和速度，优化整个供应链的操作流程和服务质量。应用这三大技术驱动的管理机制，智慧供应链能够有效应对现代商业环境中的各种挑战，推动供应链管理向更高水平发展。

（五）目标层

智慧供应链目标层旨在实现末端感知、数据驱动、智慧操作、共享赋能和整合协同这五个关键目标。末端感知的目标是在供应链终端，也就是“最后一公里”内，系统地收集和分析各种数据，涉及对商场、社区等不同末端场景消费者行为、需求和搜索轨迹等多维度数据的深入挖掘。这种详细的数据分析，可以精确地描绘不同消费者群体的真实需求，从而实现与消费者之间的全触点交互，确保供应链响应更加精准和个性化。数据驱动强调将数据收集、处理和分析有机结合，应用业务的数字化管理完成从数字到业务的转变。这一过程中的数据不仅支持决策制定，还能够提高运营效率，推动整个供应链向更高效的运作模式转型。智慧操作涉及综合运用人工智能、机器学习、自动化等多种先进技术，实现供应链各环节的自动化运作。这样的操作减少了人工干预，降低了人为操作的失误，能够有效地降低成本，提高生产效率。共享赋能和整合协同的目标则是利用互联网、大数据、区块链等技术推动供应链的数字化发展，包括供应链内部信息流、物流和资金流的整合以及利用还能打破节点间的信息壁垒，实现整个供应链的信息透明度和数据共享。全链条的透明和共享加快了供应链的响应速度，提高了整个供应链的灵活性、竞争力和市场适应能力。这五个目标的实现能够使智慧供应链提高操作效率，增强对市场变化的适应性，展现更高的服务水平，满足现代消费者的需求。这种从传统到智慧的供应链转型，标志着供应链管理进入了一个全新的、更加高效和互联的时代。

第三节　智慧供应链管理

一、智慧供应链管理基本概念

（一）智慧供应链管理的含义

随着全球市场竞争的加剧和国际形势的不断变化，基于先进数字技术的智慧供应链开始兴起，为企业提供了高效应对挑战的新方法。为了充分发挥智慧供应链的作用，企业需要建立一个科学、系统和协同的管理体系。这个体系应当包括先进技术的集成和应用、适当的组织结构和流程，以支持跨部门和跨组织的协作，确保信息流畅传递，决策及时准确，实现整个供应链的动态调整和优化，准确应对快速变化的市场需求。在这种背景下，智慧供应链管理应运而生。

所谓的智慧供应链管理是指利用条形码、RFID、传感器、全球定位系统、地理信息系统等技术，结合大数据分析、云计算及其他信息处理和网络通信技术，提高供应链的智能化运作和管理效率。这些技术的应用优化了供应链的基本流程，包括计划、物流、商流、信息流和资金流，还大大提高了供应链的管理水平，降低了总成本，减少了对自然资源和社会资源的浪费。例如，运用射频识别和传感器技术，企业可以实时追踪产品和原材料的流动，有效预测和管理库存，减少库存积压和浪费。云计算拥有强大的数据处理能力和存储解决方案，能够使供应链中的每一个节点都共享关键信息，提高决策的透明度和效率。利用全球定位系统和地理信息系统，企业能够优化物流路线，减少运输成本，节约时间，提高供应链的整体响应速度和灵活性。智慧供应链管理的综合应用，可以有效提高企业的市场竞争力，还能够对环境保护和资源可持续利用产生积极影响，促使企业更好地面对未来的挑战，实现长期的稳定发展。

智慧供应链管理的目标之一是在保证满足客户需求的前提下，有效地组织供应商、制造商、仓库、配送中心和渠道商，优化产品的制造、转运、分销和销售过程，实现整个供应链系统成本的最小化。这就意味着企业需要利用智慧供应链管理实现更高效的库存管理、精准的需求预测和更优的物流规划，确保供应链从原料采购到产品交付的各个环节都得到有效的监控和管理。

（二）智慧供应链管理的原则

1. 资源横向集成原则

资源横向集成原则强调企业必须打破传统的行业界限，与外部相关企业进行资源的横向集成，形成战略联盟，这种“强强联合，优势互补”的策略可以整合各方的优势资源，构建一个共享利益的共同体，共同面对市场竞争。在这种模式下，参与各方可以更有效地共享信息、技术和市场资源，从而在提高服务质量的同时降低运营成本，更快速地响应市场和顾客的需求。对于企业来讲，资源横向集成可以更好地实现规模经济和范围经济，增强竞争力，如合作伙伴共同采购原材料以获取更优惠的价格，或者通过共享物流和分销网络降低这些环节的成本。联盟中的企业可以互补技术和专业知识，共同开发新产品或进入新市场，从而加速创新步伐和市场扩张。这种合作方式优化了资源配置，加强了市场的适应性，提高了企业整体的风险管理能力，使各参与方都能在竞争激烈的市场环境中保持领先地位。

2. 系统原则

在供应链管理中，系统原则一直占据着核心地位，因为整个供应链是一个复杂的系统，其中，各部分相互作用，相互依赖，共同构成了一个功能性的有机整体。众所周知，供应链系统是围绕核心企业展开的，核心企业在这一体系中扮演着指挥和协调的角色，能够精确控制信息流、物流和资金流的顺畅流动，从而优化整个供应链的性能。系统原则的实质就是运用有效的措施将信息流、物流和资金流整合和协调，确保供应链中从供应商到制造商，再到分销商、零售商直至最终用户的每一个环节都在高效运转的网络中协同工作。同时，供应链中的每一个节点都是执行者，更是信息的传递者和反馈者。这种信息的及时交流使整个系统能够迅速适应外部环境的变化，增强整体的适应性和竞争力。例如，核心企业能够利用先进的信息技术实时监控整个供应链的状态，预测市场变动，及时调整生产计划和库存策略，从而降低成本并提升响应速度。

3. 多赢互惠原则

多赢互惠原则是供应链管理中的关键原则，强调的是在新的竞争环境中，相关企业之间不是单纯的业务联系，而是一个利益共同体，通过密切合作实现共同的发展目标。在这种模式下，供应链中的每个企业都不是孤立运作的，而是依靠有效的协商机制，共同探讨和解决问题，寻求最大限度的共赢。这种协商机制使供应链中的企业能够建立信任，并使每个成员都能在保证自身利益的同时，考虑整个供应链的优化和效率。这样的合作可以使供应链各节点共享资源、信息和技术，协同应对市场变化，降低单个企业面临的风险，减少他们的成本压力。例如，一个供应商可能提供优惠的原材料，帮助制造商降低生产成本；而制造商可以保证购买量，帮助供应商稳定销量。多赢互惠原则还鼓励供应链内部的创新和改进，因为各企业合作可以更容易地访问合作伙伴的创新资源和市场机会，从而增强整个供应链的竞争力，提高市场响应能力。这种基于互惠互利的合作关系，促进了各参与方的经济效益，提高了整个供应链的长期可持续发展能力。

4. 合作共享原则

在全球化的市场环境下，单一企业的资源和能力是有限的，供应链管理中的合作共享原则让企业认识到，要想在激烈的市场竞争中取得优势，必须与全球范围内在特定领域具有竞争优势的企业建立战略性合作关系，将非核心业务外包给合作伙伴，专注自己的核心能力，从而实现资源的最优配置和效能的最大化。这种合作共享可以使企业共享管理思想与方法，提高管理效率与创新能力，还能够使企业在资源使用上实现优势互补，如共享生产设施、物流系统、市场分析。市场机会的共享能够使合作企业共同开拓新市场或扩大现有市场的影响力，增强市场竞争力；信息共享提高了决策的透明度和响应速度，使供应链能够更灵活地应对市场变化；先进技术的共享也是合作共享原则的重要部分，它允许企业通过合作访问对方的技术创新，加速自身的技术进步和产品开发；风险共担也是合作共享原则的重要方面，合作伙伴通过分散投资和运营风险，能够增强整个供应链对外部冲击的抵抗力。整体而言，合作共享原理的存在，极大地提高了供应链系统的整体竞争能力和可持续发展能力，为企业带来了长远的战略利益。

5. 需求驱动原则

需求驱动原则是供应链管理中的一项核心原则，它强调整个供应链的运作应以市场和用户需求为中心，实施逐级响应的订单驱动模式，优化流程。在这种模式下，用户需求订单是整个供应链活动的起点，这些需求直接触发商品采购订单的生成，而这些商品采购订单会进一步驱动产品制造订单。产品制造的需求又推动原材料或零部件的采购订单，从而触发供应商的生产和供货。这种从用户需求出发，逐级传递至供应商的链式驱动机制，能够确保供应链系统高效、准时地响应市场需求，从而最大限度地降低库存积压和相关成本。运用这样的需求驱动模式，供应链能够快速、准确地反映市场变化，还能显著地提高物流效率和库存周转率，使企业在保持较低库存的同时，保证产品及时交付，满足客户需求。需求驱动原理还帮助企业优化了生产计划和物流安排，通过精确匹配市场需求和供应能力，避免了过度生产和资源浪费，提高了客户满意度和企业的市场竞争力。

6. 动态重构原则

供应链不是静态不变的，而是需要根据市场机会和需求的变化进行及时调整和重构的。所以，动态重构原则基于对供应链是一个有生命周期的动态系统的理解，必须快速适应外部环境的变化，以维持效率和竞争力，显示了供应链的灵活性和适应性。在实践中，动态重构意味着供应链结构和运作方式要根据市场需求的演变和技术的进步进行快速调整，当新的市场机会出现时，供应链需要引入新的供应商或调整制造和分销策略以抓住机会。同样，当市场环境发生变化，如消费者偏好改变或新竞争者出现时，供应链也需要重新评估其组件和流程，确保它们最大限度地满足当前的市场需求。动态重构还涉及技术的运用，如使用先进的信息系统和数据分析工具预测市场趋势和调整供应链策略。运用这些技术，核心企业能够监控整个供应链的性能，及时发现问题并作出调整，如改变库存水平、优化物流路径或重新配置生产资源。因此，供应链的动态重构不仅是对当前操作的优化，更是一种确保长期生存和提升竞争力的战略必需。

（三）智慧供应链管理的内容

在智慧供应链管理的环境中，可视化、可感知、可调节的框架能够使智慧供应链实现对整个供应链网络的精细管理和优化，并使用先进的数据管理系统实时监控各环节的状态，预测未来的趋势，从而提高整体运营效率和客户满意度。智慧供应链管理的内容如图 6-3 所示。

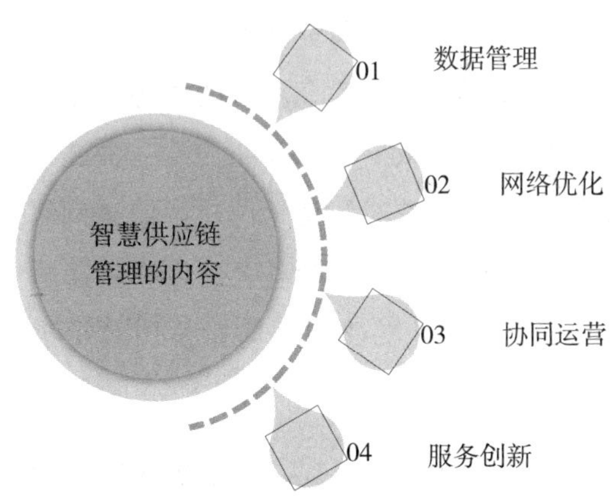

图 6-3 智慧供应链管理的内容

1. 数据管理

在智慧供应链环境中，数据管理结合了人类智慧和人工智能技术，大幅提高了整个供应链的智能化水平。数据质量管理是数据管理的基础，是确保收集到的数据准确、完整、可靠的关键，包括对数据进行验证和更新，以避免错误和过时信息对供应链决策产生负面影响。数据价值管理旨在利用预测分析、行为分析和模式识别等高级数据分析技术识别数据的价值，支持供应链优化和风险管理策略的制定。数据资产管理则涉及对供应链中生成和使用的数据进行系统化的评估和管理，将其视为有形资产运营。智慧供应链中的数据管理实践覆盖了从原料采购到产品交付整个供应链的所有环节，企业在供应链全员、全程、全链中实施综合数据管理，能够获得对生产环境和市场环境的深入了解，充分发挥数据资源和数据资产在供应链运营管理中的应用效果。这样的数据驱动策略可以优化资源配置，提高市场响应能力及整个供应链系统的透明度，从而提高供应链的整体竞争力。

2. 网络优化

在数字化、集成化和个性化需求日益增长的今天，为了提高供应链网络的柔性、弹性和敏捷性，现代智慧供应链需进行网络优化，如采用先进的网络动态管理机制、集成优化方法及仿真优化技术，应对多变的市场需求和运营环境。智慧供应链的网络动态管理机制依托强大的数据分析能力和实时监控系统，能够持续跟踪和评估供应链的性能，及时发现潜在问题并迅速响应，不仅能预测市场趋势，还能实现物流、信息流和资金流的最优配置，确保供应链高效运作。集成优化方法通过整合供应链中各个环节的资源和功能，实现了跨部门、跨公司甚至跨国界的协同工作，减少了冗余和浪费，提高了供应链的整体运作效率。仿真优化方法是指使用先进的仿真软件对供应链网络进行模拟，分析不同决策和变化对供应链性能的影响，而管理者可以在不影响实际操作的情况下测试各种策略，找到最合适的解决方案，以应对复杂多变的市场环境。

3. 协同运营

在智慧供应链管理环境中，协同运营是提高整体供应链效率和响应能力的关键因素。智慧供应链成员之间可以运用信息技术和先进的数据管理系统，实现信息、资源和能力的充分整合，进而实现无缝的协作和通信。这种集成化的协同运作优化了各成员的性能，提高了整个供应链系统的协同效率。信息共享是协同运营的核心，意味着供应链中的每个成员都可以访问库存水平、物流状态、市场需求等实时数据，这些信息的透明化使每个节点都能即时调整自己的操作以适应供应链的整体需求。例如，制造商可以根据实时的销售数据和库存信息调整生产计划，而配送商则可以根据交货时间和路况优化物流路线。资源共享也是智慧供应链协同运营的关键组成，供应链中的企业共享设备、原料或甚至关键技能和知识，可以减少重复投资，提高资源利用率，降低成本。协同运营还包括能力共享，即供应链各成员可以根据不同的强项进行互补，实现全方位均衡发展，如一个具备先进制造技术的企业可以帮助供应链内的其他企业提高产品质量，其他相关服务企业也可以帮助制造技术企业提高整体的服务水平。

4. 服务创新

服务创新是智慧供应链中的一大突破，它能够提高服务质量，利用创新的服务模式重塑消费者的体验。身处智慧供应链框架下的企业能够利用先进的数据分析技术和客户画像工具精细化理解每个客户的需求和行为模式，建立全时空触客界面，在任何时间和地点为客户提供服务，以实现真正的无界服务模式。智慧供应链的协同服务模式创新进一步加强了不同供应链成员之间的合作，各方能够共享数据和资源，创建更有价值的服务解决方案。例如，供应商、制造商和零售商可以联合开发新产品或优化物流流程，使最终产品更加符合市场需求，同时减少交付时间。服务创新还体现在智慧供应链对新型生产要素的应用上，如将数据、体验和平台元素整合到供应链管理中，提高操作效率和服务的个性化水平。特别是随着客户画像的不断细化，智慧供应链能够提供更加精准化、定制化的服务，满足客户的具体需求，提高客户的满意度和忠诚度，强化企业的市场竞争力。基于这些服务创新，智慧供应链提高了自身的生态闭环能力，还为企业带来了更多的增值机会和竞争优势，确保企业在激烈的市场竞争中保持领先地位。

二、智慧供应链的风险管理

（一）供应链风险的基本概念

1.供应链风险的含义

在市场竞争的复杂环境中，供应链系统常面临多种不确定性和风险，这些风险极大地影响了供应链的稳定运行和效率。供应链的风险来源多种多样，从总体上可以划分为不可控风险和可控风险两大类。不可控风险是指自然灾害、政治动荡、恐怖袭击等外部因素，是难以预测和防范的；相对地，可控风险是指供应商管理、产品质量控制、内部流程优化等，可以通过加强企业内部管理来降低或消除。由此可以得出供应链风险的定义，是指供应链运行的实际结果由于各种不确定因素影响导致偏离预期目标而产生的损失。

供应链由多个相互依赖的企业组成，涉及复杂的物流、信息流和资金流，每一个环节的微小波动都有可能通过链条作用放大，任何节点的失效都可能导致整个供应链的效率下降甚至中断，进而影响整个供应链的效率。因此，供应链风险管理必须存在，能提高供应链的抗压能力，优化资源配置，减少不必要的成本。强有力的风险评估和响应机制还可以让企业及时发现潜在的供应链中断和服务质量问题，并迅速作出应对，如调整供应商、强化库存管理、改进物流策略。在现代供应链风险管理中，智能化技术的运用成为降低和管理供应链风险的关键工具，其能够实时监控供应链状态，提高供应链的透明度和响应速度，预测潜在的风险点，并快速调整供应链策略，以应对可能的变化。例如，分析历史数据和市场趋势，智能系统可以预测需求变化，从而帮助企业优化库存管理，减少库存积压，降低库存短缺的风险。供应链的社会责任也是风险管理的一个重要方面。这种智能化的供应链风险管理能提高供应链的适应性和韧性，提高企业应对复杂多变市场环境的能力，确保供应链的安全和稳定，保障企业的持续运营，推动整个供应链生态圈可持续发展。企业不仅要关注经济效益，还要注意社会和环境影响，这包括确保供应链中不存在违法劳动和环境破坏行为。企业这种负责任的供应链风险管理可以使企业构建良好的品牌形象，增强消费者的信任，从而在竞争中获得优势。

2. 供应链风险的特点

（1）客观性

客观性是指存在于供应链中的风险往往是超出单个企业控制能力范围的外部因素，这些因素包括自然灾害和社会不稳定事件，如流行性病毒的暴发，洪涝、地震、风暴等自然灾害，以及战争和社会冲突等。这些客观因素独立于人的意志，因其不可预见性和不可控性会导致供应链中断、运营成本增加，进而对供应链造成严重影响。供应链中的各个节点企业作为独立的经济实体，会出现因追求各自的最大利益而导致合作障碍的问题，或因信息共享不充分而引发决策失误，这种利益冲突和信息不对称也是一种常见的客观风险。理解和应对这些客观风险，是供应链管理中的重要部分，需要企业采取有效的风险评估和缓解策略，如建立应急预案、加强与供应商的沟通合作等，以提高整个供应链的韧性和应对能力。

（2）复杂性

供应链风险的复杂性源于其由众多不同节点企业组成的复杂网络结构，每一个企业都可能与多个供应商、制造商、分销商和零售商等不同的合作伙伴建立联系。这些企业之间的合作关系多样且错综复杂，这种多层次、多方面的互动使供应链的结构和运作极为复杂。随着涉及企业数量的增多和流程环节的扩展，供应链所面临的风险也逐步升高，包括信用风险、文化冲突、利润分配不公等。信用风险是指因某个供应商的违约行为而导致整个供应链的运作受阻；文化冲突是指不同企业由于自身企业文化存在对立，导致沟通不畅和误解，进而影响合作效率；利润分配不公会引发合作伙伴之间的矛盾，进一步加剧供应链的不稳定性。这些风险的存在不仅增加了管理的难度，也需要供应链中的各方进行高效的沟通和协调，共同采取措施降低潜在的风险，确保供应链的顺畅运行和长期稳定。

（3）相关性

供应链各环节紧密相连，单一节点上的风险变化往往会对整个供应链网络产生影响，这种分布式特征和相互影响直观地体现了供应链风险的相关性。在采用准时制模式生产系统时，生产企业会减少库存，以有效降低库存成本和相关风险，但这种做法往往会增加上游供应商的库存压力，从而使整个供应链的库存风险重新分布。减少库存虽然可以提高资金的流动性和运营效率，但也会使供应链对供应中断的敏感性增加，一旦上游供应出现问题，生产企业将面临严重的供应短缺风险。供应链节点间的风险传递不仅限于经济和生产层面，还可能涉及法律、道德和环境风险。例如，一个供应商的不道德行为，可能会给整个供应链带来声誉风险和合法性风险。因此，供应链的风险管理需要综合考虑各节点之间的相互作用和影响，通过有效的风险评估和协调合作，实现整个供应链的稳定和可持续发展。

（4）传递性

供应链风险的传递性是由其结构中的多节点企业环环相扣、彼此依赖而形成的，这使网络中任何一个节点的风险问题都能迅速传递至整个网络。例如，从产品开发到原材料采购，再到生产和流通的每个阶段，各环节的企业都要在相互依赖中完成各自的功能，一旦某一环节出现延误、质量问题或供应中断，其影响会迅速扩散至下一环节，影响整个供应链的稳定性和效率。以汽车行业为例，灾害的暴发会导致全球范围内的汽车零部件供应链遭受重创，众多关键的供应链节点无法正常运作，导致企业进度缓慢，产出水平降低，进一步影响整车制造商的生产计划和市场供应。市场需求的下降进一步压缩了企业的运营空间，形成了一个负面循环局面。风险的传递性并不限于在生产线上，还可能增加财务风险，引发市场信心下降，影响投资者行为和消费者信心，从而在更广泛的层面上影响经济活动。因此，企业在进行供应链管理时必须考虑风险的传递性，采取相应的风险评估和缓解措施，保证供应链的韧性和可持续发展。

（二）供应链风险管理流程

供应链风险管理是供应链各成员之间通过协调或合作实现的管理，旨在确保供应链的营利性和连续性，主要包含事前风险识别、事中风险控制、事后风险反馈三个阶段。具体管理流程如图 6-4 所示。

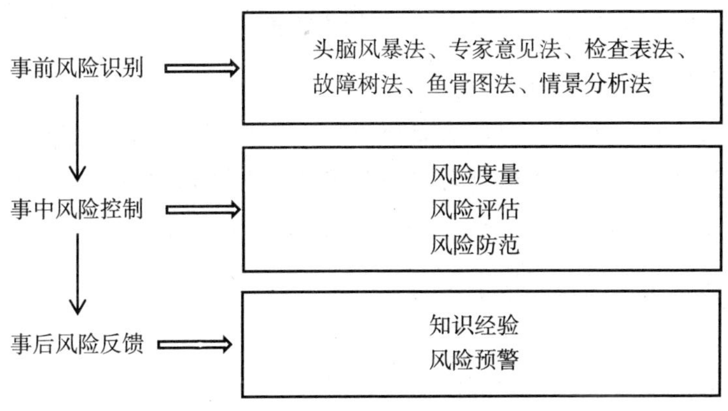

图 6-4 供应链风险管理流程

1. 事前风险识别

在供应链管理中，事前风险识别是保障供应链稳定运行的关键步骤。企业系统地了解和确定供应链所面临的各种风险，分析这些风险事件发生的潜在原因，可以更有效地制定风险应对策略，减少潜在损失。企业要运用各种方法进行风险识别，揭示风险的本质和来源，这样做可以更好地优化资源配置，提高应对突发事件的能力。具体方法有以下几种。

（1）头脑风暴法

头脑风暴法是一种简单有效的风险识别工具，企业可以组织项目团队成员集思广益，讨论可能影响项目的潜在风险因素，广泛收集风险信息。这种方法鼓励开放式的讨论，有助于激发人们的创新思维，发现不常见但可能造成重大影响的风险点。

（2）专家意见法

专家意见法旨在通过咨询行业专家或内部资深人士的意见来识别风险。这些专家具有丰富的经验和专业知识，能够提供深入的见解，识别那些非常规或特定领域的风险。此方法特别适用于技术复杂或新领域的风险评估，能够帮助企业在缺乏经验的情况下作出合理判断。

（3）检查表法

检查表法是一种系统化的风险识别方法，能够使用预先设定的问题列表识别可能的风险点。这种方法适用于常见问题的快速识别，尤其在遵循行业标准或法规要求时特别有效，可以确保不遗漏关键风险因素。

（4）故障树法和鱼骨图法

故障树法和鱼骨图法更侧重分析风险的根本原因。故障树法构建了故障原因的逻辑树状图，可以系统地分析事件发生的各种可能路径；鱼骨图法则应用图形化的方式展示问题及其原因之间的关系，有助于识别导致问题的各种因素，特别适合复杂问题的根本原因分析。

（5）情景分析法

情景分析法是指构建不同的假设性情景，以分析在各种特定情境下可能出现的风险和影响。这种方法有助于企业预见未来可能的变化趋势，从而作出更有前瞻性的风险管理决策。

2. 事中风险控制

事中风险控制主要包含风险度量、风险评估和风险防范三个主要内容。企业能够通过对风险进行合理度量、评估和决策，提出科学有效的风险控制方案，并在实际过程中贯彻实施。

（1）风险度量

风险度量是事中风险控制的一个关键过程，不仅涉及风险发生的可能性，还包括风险实际发生后所带来的损失。这一度量过程通常采用数学计算公式表示，即风险等级 = 风险发生的概率 × 损失程度。为了更准确地进行风险度量，基于数字技术的供应链可以利用先进的数据挖掘技术和多维度数据交叉验证技术，从大量历史数据中提取有用信息，以预测和量化潜在风险。数据挖掘技术能够使供应链管理者利用复杂的算法模型分析历史事故、运营数据和市场动态，从而评估风险发生的概率。例如，运用模型分析过往的供应中断事件和相关因素（如自然灾害、市场需求波动），能够预测未来某一时间段内类似事件发生的可能性。交叉验证技术可以进一步增强预测的准确性，同时在不同的数据子集上重复训练和测试模型，确保模型的稳健性和泛化能力。智慧供应链系统还能计算出风险实际发生后可能造成的具体损失，包括直接经济损失、品牌声誉损害、客户信任度下降等。基于这样的系统性风险评估，企业能够更全面地理解潜在风险带来的影响，制定更有效的风险管理和缓解策略，从而优化供应链的整体性能，提高其抗风险能力。

（2）风险评估

风险评估是事中风险控制的一个关键过程，特别是在构建供应链系统时，定性与定量相结合的评估方法可以使企业利用以往数据的规律性，建立供应链风险评估模型，从而系统地理解和预测潜在风险。首先，进行风险评估之前，需要建立一个全面的风险评估指标体系，这个体系应包括供应链的操作效率、供应商的稳定性、市场需求波动、政策和法规变化等关键指标。企业要从数据库中调取这些关键指标的相关数据，形成一个综合的指标信息框架。其次，采用德尔菲法、层次分析法、网络分析法以及专家打分法等多准则决策方法建立风险评估模型。德尔菲法依赖专家预测风险事件的影响和概率，层次分析法通过建立多层结构的判断矩阵定量分析指标的相对重要性，网络分析法适用于处理在更复杂的系统内相互依赖的风险因素，专家打分法则为每个风险因素赋予了一定的分值，以评估其严重性。这些多准则评估方法能够使企业对指标信息进行系统的仿真分析。最后，根据事先设定的风险级别阈值，将风险等级进行划分。这样的分类不仅能够帮助企业明确各类风险的优先级，而且为后续的风险管理措施和应对策略提供了决策支持。这种风险评估模型的应用能够极大提高供应链的透明度和预测能力，使企业更加主动地应对潜在的供应链风险，确保供应链的稳健和高效运作。

（3）风险防范

风险防范的目的在于以最低成本实现风险的最大限度降低，具体策略包括风险规避、风险转移和风险分散等。风险规避策略是指采取预防措施避免风险的发生，或者在风险形成之初就将其消除。例如，企业可以建立详尽的供应商信用评估系统，避免与信用不良的供应商合作，从而降低因合作伙伴不稳定带来的风险；技术革新或流程优化也可以规避操作风险，如采用自动化设备和先进的信息技术可以减少人为错误，降低设备故障的风险。风险转移则是将可能的风险转嫁给其他方，通常通过合同安排或保险覆盖实现。例如，企业可以与供应商签订回购合同，将由市场需求变化导致的库存积压风险转移给供应商；企业也可以购买保险，将由自然灾害造成的物流中断风险转移给保险公司。风险分散是指运用多样化的战略降低单一故障的影响，这意味着企业可以建立多个供应源减少对单一供应商的依赖。例如，许多企业寻求替代供应商扩展其供应网络，以减少因一个地区的风险爆发而导致的供应中断风险。风险分散还可以通过进入多个市场或开发多条产品线来实现，以避免由过度依赖单一市场或产品带来的经济风险。

3. 事后风险反馈

事后风险反馈是供应链风险管理中极为重要的一个环节，它涉及对之前风险管理活动中收集的数据、经验和教训的综合分析和应用，以优化未来的风险管理策略，防止类似风险的重复发生。这样做可以帮助企业改进现有流程，提高整个供应链的韧性。在大数据和高度数字化的环境下，事后风险反馈可以更加精细和具备前瞻性。以银行和金融机构为例，它们可以整合和分析大量的非结构化数据（如客户消费行为、在线互动、社交媒体活动）与传统的结构化数据（如订单数量、支付记录、信用报告），对供应链中的节点企业进行深入画像，这种数据整合丰富了企业的信用评级知识库，有助于企业精确识别供应链中的潜在风险点。基于这些信息，银行和供应链金融机构能够建立起智能化的风险预警系统，进而实时监控供应链的关键指标和动态变化，及时发出风险警告，帮助企业提前采取措施，避免或减少财务损失。例如，系统检测到某个供应商的信用评分突然下降，或者某个地区可能影响物流效率，相关企业可以迅速作出反应，如调整采购策略或重新安排物流路径。风险反馈阶段也涉及对已实施风险管理措施的效果评估，企业可以定期审查和评估风险管理措施的成效，确定哪些风险管理策略有效，哪些需要调整或强化，这种持续的反馈循环可以有效提高供应链管理的透明度，促进各参与方之间的沟通和协调。

系统地实施供应链风险管理，企业能够有效应对当前的风险，还能够预防未来潜在的风险事件，从而在竞争激烈的市场环境中保持优势，确保供应链的持续健康发展。这种策略的实施，是供应链风险管理成熟的重要标志，代表着企业对于风险管理的全面和动态掌握。

（三）智慧供应链的风险管理举措

随着时代的深入发展，大数据、物联网、区块链、人工智能等前沿技术的融合与创新正在全面推动企业供应链的数字化和智能化进程，不仅提高了数据处理和信息传递的效率，也为企业的生产方式和业务模式带来了根本性的变革，更提高了整个供应链系统的互联互通性，增强了供应链的整体弹性。在面对外部环境变化和潜在风险时，智慧供应链能够更快地适应和响应，有效地管理和减小潜在的负面影响，为企业进行供应链管理带来新的机遇，也为企业在竞争激烈的市场环境中稳固和扩展业务奠定坚实的基础。

1．基于大数据技术的风险管理

基于大数据的智慧供应链风险管理是一个全面而动态的过程，涵盖了从事前风险评估到事中控制，再到事后处置的各个阶段。企业运用大数据技术的强大信息收集和分析功能，可以更深入地理解和控制供应链中的各种风险。

（1）事前风险管理方面

大数据技术需要接入和整合供应链相关主体的交易历史和其他相关信息，使企业全面掌握供应商、制造商、分销商及其他合作伙伴的交易行为和信用历史。这种全面的数据整合和分析能力，提高了企业事前风险预判的准确性，使企业能够在风险实际发生之前采取预防措施。例如，分析供应商的交货记录和财务稳定性，企业可以预测可能出现的供应失败风险，并据此调整采购策略或寻找备选供应商。

（2）事中风险管理方面

大数据技术能够对供应链上各主体的交易信息进行实时跟踪和监控，实现对风险的动态控制。这一阶段，企业多维度和动态信息的交叉验证和分析，如时序分析、地理信息系统映射和事件驱动模型，可以使企业实时监控供应链状态，快速识别并响应潜在的供应链中断、质量问题或需求变化，从而保证风险管理的高效性和实时性。

（3）事后风险管理方面

大数据技术为企业提供了更强大的决策支持。对供应链的商流、物流、资金流和信息流进行全面的诊断分析，企业可以详细了解风险发生的原因、影响范围及后果。这些详尽的数据分析不仅能帮助企业评估已实施风险管理措施的效果，还能在未来的风险管理策略制定中提供思路，优化供应链设计，减少不确定性，提高供应链整体的风险应对能力。

基于大数据的供应链风险管理在各个风险管理阶段都能提供精确的数据支持和深入的分析，极大地提高了供应链的透明度和管理的科学性，使企业在快速变化的市场环境中保持竞争力。

2. 基于物联网技术的风险管理

基于物联网的供应链风险管理主要是利用物联网技术的高度互联和数据自动化捕捉功能强化供应链管理的智能化和精准度。因为传感器和智能标签等物联网设备被广泛部署于生产线的各个环节，从原材料的入库、加工到最终的产品配送，每一个步骤都能自动记录数据并将其实时传送至中心数据库，这意味着生产商可以依托这种技术框架实时监测原材料、零部件、半成品和成品的状态，进而实现对整个生产流程的无缝跟踪和监控。对于企业来讲，这种全过程、全方位的监控提高了生产系统的自动化和可视化水平，增加了操作的柔性，使生产过程快速适应市场和订单的变动。更重要的是，物联网技术的实时数据集成，提高了整个供应链环节的透明化程度，方便管理者根据实时数据进行库存管理、优化生产计划和调整配送策略，有效预防产品过剩或短缺。物联网技术还在高效风险预警系统的建立过程中发挥了辅助作用，对生产设备的性能数据、环境监控数据以及物流状态数据等关键数据进行了实时分析，这使系统能够及时识别供应链的哪个环节会导致生产中断、质量问题或供应延迟。一旦发现异常，系统便能自动触发预警机制，通知相关人员调整生产流程，从而使可能出现的损失最小化。这种智能化的风险管理，显著提高了供应链的整体效率和安全性，推动了智慧供应链向更高级别转型。

3. 基于区块链技术的风险管理

区块链技术在供应链风险管理中发挥的作用日益重要，特别是核心的分布式账本技术的运用，可以确保数据的真实性和安全性，为企业之间的信任奠定坚实的基础。分布式账本技术允许供应链中所有相关方实时共享交易数据、应收应付数据及电子账单流转信息，这种数据共享是透明的，每个参与者都可以查看，但不能单方面修改，保证了数据的完整性和不可篡改性，有效减少了供应链中的欺诈行为和数据错误，为企业间的交易提供了一个更加安全和可靠的环境。区块链独特的加密技术也确保了数据的安全性和隐私保护，因为每一笔交易都需经过网络中多数节点的验证，且交易记录一经添加无法更改，极大地防止了信息的篡改和泄露。这种机制增强了供应链中各方对系统的信任，使数据共享成为可能，不用担心信息被滥用或泄露给竞争对手。

在供应链金融方面，尤其是在多级供应链系统中，区块链技术可以实现核心企业信用的自由拆分和转移，这对中小企业尤为有利。例如，一级供应商在收到核心企业发出的应收账单后，可以将该账单拆分为多个小额账单，这些拆分后的账单可以流转至二级甚至多级供应商。这种机制使下游中小企业能够在没有直接贸易关系的情况下，依托核心企业的信用进行融资，极大地缓解了小微企业在传统融资体系中面临的信用不足问题。区块链的智能合约技术也为供应链管理带来了革命性的改进。所谓的智能合约是自执行的合约条款，当合约中设定的条件被触发时，相关的支付和账务处理就会自动执行。这种自动化的过程显著提高了业务的运行效率，大幅度降低了人为错误和延误的风险，确保了合约执行的精确性和时效性，对于那些依赖严格时间节点的供应链操作尤为重要，如季节性商品的销售和配送。

4. 基于人工智能技术的风险管理

在智慧供应链中，人工智能技术正日益成为风险管理的核心工具，企业利用智能算法提高预测准确性、加快响应速度和优化决策过程，极大地提高了供应链的整体效率和安全性。具体来讲，企业能够利用机器学习、深度学习、自然语言处理等高级技术处理和分析庞大的数据集，预测趋势并提出行动建议，实现更加精细的库存管理，降低资源过剩或短缺的风险。人工智能的实时数据分析能力使供应链中的监控和预警系统更加高效，它可以及时发现供应中断、物流延误或产品质量问题，使企业在问题扩大前迅速采取措施，有效控制损失。人工智能技术还可以模拟不同的供应链决策场景预测每种决策的可能结果，帮助管理层作出更科学的风险评估和管理决策。这种模拟能力对于应对供应链中的复杂问题和不确定性至关重要。

人工智能技术的应用并非只能单一存在，它还可以与物联网、区块链等其他技术集成使用，充分发挥技术的协同作用，如利用物联网收集的实时数据进行分析，或利用区块链技术确保数据的安全和透明度，进一步提高供应链的智能化和自动化程度。

参考文献

[1] 魏真，赵珂，张伟 . 区块链在智慧城市中的应用 [M]. 上海：上海科学技术出版社，2022.

[2] 刘遥，蒋永穆 . 智慧城市发展研究 [M]. 成都：四川大学出版社， 2020.

[3] 曾卿华，周尚波 . 智慧城市管理设计与实践 [M]. 重庆：重庆大学出版社，2020.

[4] 魏真，张伟，聂静欢 . 人工智能视角下的智慧城市设计与实践 [M]. 上海：上海科学技术出版社，2021.

[5] 王印成 . 我国智慧城市建设和人工智能的发展 [M]. 北京：经济日报出版社，2018.

[6] 韩东亚，余玉刚 . 智慧物流 [M]. 北京：中国财富出版社有限公司，2018.

[7] 韩东亚，孙颖荪 . 智慧物流概论 [M]. 合肥：中国科学技术大学出版社，2023.

[8] 王猛，魏学将，张庆英 . 智慧物流装备与应用 [M]. 北京：机械工业出版社，2021.

[9] 刘双林 . 现代智慧供应链体系建设：供应链运营中心创新与实践 [M]. 石家庄：河北科学技术出版社，2020.

[10] 刘伟华，李波 . 智慧供应链管理 [M]. 北京：中国财富出版社有限公司，2022.

[11] 施云 . 智慧供应链架构：从商业到技术 [M]. 北京：机械工业出版社，2022.

[12] 唐波，张毅，鲁慧，等 . 面向“智慧城市”的教育：论国际金融、航运法律人才的培养模式 [M]. 上海：上海人民出版社，2011.

[13] 郭会明，于相宝 . 智慧城市建设运营模式研究 [M]. 北京：北京理工大学出版社，2016.

[14] 张芳芳 . 计算机大数据技术在智慧城市建设中的应用 [J]. 数字通信世界，2024（7）：175–177，194.

[15] 范娥娟，陈颖 . 中国跨境电商与智慧物流耦合协同策略研究 [J]. 商业经济，2024（8）：59–61，66.

[16] 常会强 . 河南新型智慧城市“微建设”实现路径研究 [J]. 管理工程师，2024，29（4）：23–29.

[17] 范丽君，刘鑫 . 黑龙江制造企业智慧物流发展研究 [J]. 物流科技，2024，47（14）：110–114.

[18] 李静 . 全民数字素养何以筑基智慧城市建设？ [J]. 中国建设信息化，2024（13）：62–65.

[19] 仝大伟，凌利 .“数商兴农”背景下农产品智慧物流发展策略研究 [J]. 黑龙江科学，2024，15（13）：29–31，36.

[20] 蔡德发，杨欣荣 . 智慧城市建设对基本公共服务高质量供给的影响：基于东北三省 34 个地级城市的验证分析 [J]. 当代经济，2024，41（7）：9–18.

[21] 李海英 . 智慧物流背景下高职现代物流管理专业课程体系重构研究 [J]. 物流科技，2024，47（15）：181–184.

[22] 王春生，张良卫，丁红，等 . 粤港澳大湾区智慧物流人才培养现状与路径研究 [J]. 物流科技，2024，47（13）：176–180.

[23] 曹媛炜 . 智慧物流发展现状与探讨 [J]. 中国储运，2024（7）：72–73.

[24] 苏幼琴 . 信息化建设在智慧城市发展中的应用研究 [J]. 住宅与房地产，2024（18）：108–110.

[25] 张桦 . 智慧城市和平台城市融合发展问题 [J]. 决策咨询，2024（3）：32–35.

[26] 曹平，杨镕博 . 智慧城市建设能促进城市数实融合吗？：基于“准自然实验”的证据 [J]. 江南大学学报（人文社会科学版），2024，23（3）：88–99.

[27] 姚谦豪 .“互联网 +”供应链智慧物流时代的思考与实践 [J]. 全国流通经济，2024（12）：12–15.

[28] 宁超 . 大数据技术在智慧城市中的应用 [J]. 新城建科技，2024，33（6）：22–24.

[29] 郑煜龙 . 港口集装箱智慧物流供应链服务平台设计与应用 [J]. 集装箱化，2024，35（6）：19–24.

[30] 张挺科 .5G 技术在广电网络智慧城市建设中的运用分析 [J]. 通讯世界，2024，31（7）：178–180.

[31] 刘建坤，魏璐 . 数字化转型背景下油品智慧物流系统应用与展望 [J]. 铁路采购与物流，2024，19（7）：27–28，49.

[32] 周云波，陈阳，马红瀚 . 智慧城市建设提高区域绿色经济效率了吗？：基于试点城市的准自然实验 [J]. 云南财经大学学报，2024，40（8）：20–35.

[33] 崔健 . 高职院校智慧物流人才培养评价模式探究 [J]. 陕西教育（高教），2024（8）：80–81.

[34] 罗滢渊，李炎，杨旋，等 . 产业转型升级视角下智慧城市建设策略研究：以武汉经济技术开发区为例 [J]. 智能建筑与智慧城市，2024（6）：19–21.

[35] 胡早 . 基于大数据的智慧城市空间规划路径探究 [J]. 智能建筑与智慧城市，2024（6）：46–48.

[36] 薛海波，魏明航，程晓燕，等 . 乡村振兴背景下智慧物流与数字乡村协同发展研究 [J]. 沿海企业与科技，2024，29（3）：80–90.

[37] 何阳魁，尚明瑞 . 农村智慧物流赋能乡村振兴：困境与破解 [J]. 物流科技，2024，47（12）：55–58.

[38] 王凤红 . 数字化时代的智慧物流与供应链管理变革 [J]. 物流科技，2024，47（12）：140–142，146.

[39] 段成龙 . 智慧物流供应链视阈下陆海新通道物流人才培养模式的构建与实践 [J]. 物流研究，2024（3）：87–92.

[40] 黄景龙 . 数字经济时代智慧城市资产市场化模式研究 [J]. 大陆桥视野，2024（6）：32–34.

[41] 余彩娇．智慧物流背景下高职物流人才需求分析及建议 [J]. 大陆桥视野，2024（6）：55–57.

[42] 章镨航．林德物料搬运：引领智慧物流新潮流 [J]. 现代制造，2024（6）：10.

[43] 吴涛．智能电网建设对智慧城市发展探究 [J]. 装备制造技术，2024（6）：164–166，170.

[44] 谢潇．智慧城市数据的法律治理及其制度因应 [J]. 西南政法大学学报，2024，26（3）：52–64.

[45] 李玉梅，王嫣，许晗，等．元宇宙赋能智慧城市建设：理论机制、问题检视与治理举措 [J]. 电子政务，2024（8）：97–108.

[46] 周敏，杨柳，叶丹．贵阳市智慧城市建设与绿色发展的耦合协调研究 [J]. 国土与自然资源研究，2024（5）：34–39.

[47] 薛程天，薛峰．产教融合背景下智慧物流人才创新素养培育研究 [J]. 中国航务周刊，2024（24）：87–89.

[48] 张悦，杨乐．数字经济视角下智慧物流赋能乡村振兴建设研究 [J]. 物流科技，2024，47（11）：102–104.

[49] 詹琳．大数据在智慧城市建设中的应用探究 [J]. 网络安全和信息化，2024（6）：9–11.

[50] 李敏．浅析数字化时代的智慧物流与供应链管理变革 [J]. 中国物流与采购，2024（11）：182–183.

[51] 欧阳云，冯杰良，罗华军．全栈国产化智慧物流信息系统平台的设计与应用 [J]. 现代医院，2024，24（5）：657–663.

[52] 许嘉宝．智慧物流中考虑云仓云配物流网络影响的产品布局优化研究 [J]. 物流科技，2024，47（14）：75–77.

[53] 石淑新，孙晓雅．基于专利分析的我国智慧物流领域技术创新现状 [J]. 海峡科技与产业，2024，37（5）：48–51，55.

[54] 马瑜．新型智慧城市的建设路径探析：以西安为例 [J]. 美与时代（城市版），2024（5）：37–39.

[55] 檀国林，肖恒辉，陈芳炯，等 . 县域级新型智慧城市建设探索与实践 [J]. 通讯世界，2024，31（5）：136–138.

[56] 王银 . 新发展格局下智慧物流对流通产业韧性水平影响及作用机制 [J]. 商业经济研究，2024（10）：97–100.

[57] 王滋源 . 韩国智慧城市建设的发展战略与启示 [J]. 智能建筑与智慧城市，2024（5）：10–12.

[58] 詹绍文，灰丹妮 . 新型智慧城市建设现状及对策研究 [J]. 住宅与房地产，2024（14）：11–13.

[59] 丁永亮，谢正阳，汤际澜 . 智慧城市发展推动中国式城市体育治理现代化建设研究 [J]. 成都体育学院学报，2024，50（3）：19–26.

[60] 张开泉 . 浅谈智慧城市建设下建筑电气与智能化专业的发展 [J]. 中国设备工程，2024（9）：31–33.

[61] 孙洪磊，郭巍，魏飞龙，等 . 面向信息孤岛问题的智慧城市信息系统及其算法设计 [J]. 绿色建造与智能建筑，2024（5）：135–142.

[62] 黄雅琼 . 面向智慧城市的城市级网络架构设计与优化研究 [J]. 信息记录材料，2024，25（5）：230–232.

[63] 姜艳，戚忠淼 . 智慧城市的数据管理 [J]. 数据通信，2024（2）：39–43.

[64] 张丹丹 . 大数据技术在智慧城市规划建设中的应用探索与研究 [J]. 科技与创新，2024（8）：60–62.

[65] 王德宇 . 智慧物流服务质量对消费者持续购买意愿的影响 [J]. 合作经济与科技，2024（20）：50–52.

[66] 夏海波，刘耀彬，邵汉华 . 智慧城市建设如何影响劳动力就业？ [J]. 经济与管理研究，2024，45（8）：103–124.

[67] 王鑫鑫，王译涓 . 数字乡村背景下县域智慧物流建设研究 [J]. 物流科技，2024，47（15）：55–57.

[68] 陈洪宇，崔叶竹 . 京津冀地区智慧物流与流通经济耦合协调发展研究 [J]. 商业经济研究，2024（15）：89–92.